허영만의

3천만원 ②

타이밍을 잡아라

허영만의 3천만원 ②
타이밍을 잡아라

초판 1쇄 발행   2019년 3월 23일
초판 10쇄 발행   2021년 12월 20일

지은이   허영만

펴낸이   신민식
펴낸곳   가디언
출판등록   제2010-000113호

주 소   서울시 마포구 토정로 222 한국출판콘텐츠센터 306호
전 화   02-332-4103
팩 스   02-332-4111
이메일   gadian@gadianbooks.com
홈페이지   www.sirubooks.com

인쇄 · 제본   한영문화사
종이   월드페이퍼(주)

ISBN   978-89-94909-09-7 (14320)
        978-89-94909-06-6 (세트)

이 도서의 국립중앙도서관 출판예정도서목록(CIP)은 서지정보유통지원시스템 홈페이지
(http://seoji.nl.go.kr)와 국가자료공동목록시스템(http://www.nl.go.kr/kolisnet)에서
이용하실 수 있습니다.(CIP제어번호: CIP 2018006087)

허영만의

3천만원 ②

타이밍을 잡아라

글·그림 허영만

가디언

〈일러두기〉

1. 이 만화의 주식투자는 현재 상황이 아니라 만화 연재 시점을 기준으로 2주 전의 실제 투자
   상황을 바탕으로 제작되었습니다.

2. 이 만화는 투자 자문단의 주식투자 방법과 투자 철학을 만화를 통해 보여주는 것이며, 주식
   시장의 변동성 및 자문단 각자의 전문 지식을 독자 여러분에게 전달하는 것이기 때문에 만
   화에서 제공되는 투자 정보·의견은 추천이나 권고의 의미가 아니며 참고자료일 뿐입니다.
   따라서 어떠한 경우에도 독자의 투자 결과와 그 법적 책임 소재에 대한 증빙자료로 사용될
   수 없습니다.

3. 이 만화의 자문단은 웹툰 배포 시점에 추천종목을 이미 보유하고 있거나, 추가 매수 또는
   배포 시점 이후에 매도할 수 있습니다.

※ 《허영만의 3천만원》은 웹진 '채널 예스'에 연재되고 있으며, 네이버 경제M 판과
   한국경제TV 와우넷 홈페이지에서도 최신 화를 보실 수 있습니다.

※ 네이버 모바일 증권 홈 투자정보 코너에서 허영만의 실시간 투자 내역을 확인할 수
   있습니다.

주식투자를 시작하며

건강한 몸은 복리 이자를 주는 은행보다 낫다.
뛰는 놈 위에 나는 놈 있고, 나는 놈 위에 즐기는 놈 있다.
살아 있는 동안 빼앗기지 않을 것은 지식뿐이다.
청춘은 나이가 아니다. 도전을 멈추는 순간 늙은이가 된다.
재산이 많으면 근심이 늘지만 재산이 없으면 고통이 늘어난다.
우물쭈물하다간 주식도 못 해보고 인생 마감할 수 있다.
파이팅!

허영만

| 차례 |

1장

미래를 바라보라

17
미래에 투자하라

〈주의사항〉

1. 이 만화의 주식투자는 현재 상황이 아니라 연재 시점을 기준으로 2주 전의 실제 투자 상황을 바탕으로 제작되었습니다.

2. 이 만화는 투자 자문단의 주식투자 방법과 투자 철학을 만화를 통해 보여주는 것이며 주식시장의 변동성 및 자문단 각자의 전문지식을 독자 여러분에게 전달하는 것이기 때문에 만화에서 제공되는 투자 정보·의견은 추천이나 권고의 의미가 아니며 참고 자료일 뿐입니다. 따라서 어떠한 경우에도 독자의 투자 결과와 그 법적 책임 소재에 대한 증빙자료로 사용될 수 없습니다.

3. 이 만화의 자문단은 웹툰 배포 시점에 추천종목을 이미 보유하고 있거나, 추가 매수 또는 배포 시점 이후에 매도할 수 있습니다.

20년 후

미스 월드는 결혼 후 지나친 사치와
계속되는 잔병치레로 남편의 재산을 모두 축내고
누워 있을 집도 없는 상태였다.

과거나 현재에 연연 말고
미래에 길게 투자하라.

고독이 성공을 부른다

각광받는 인기주를
거들떠보지 않고
홀로 거꾸로 행동하기는
무척 힘들다.

소유한 인기주를 팔아버리고
남들이 쳐다보지도 않는 주를 매수하는 건
용기 없는 자가 할 수 없다.

주가가 떨어질 때 따라서 매도하고,
주가가 상승할 때 따라서 매수하는 것은
혼자 남아 있는 걸 무서워하기 때문이다.

남들이 두려워할 때 과감히 매수하고
남들이 매수할 때 던져버리는 것.
이것은 용기이다.

목표치에 도달하기까지 기다리는 인내도
지독한 고독을 이겨내야 가능하다.
고독을 즐기는 자에게 대박이 온다.

공이 크게 보일 때 쳐라

외다리 타법으로 유명한
요미우리 자이언츠의 홈런 타자
왕정치 선수는 이렇게 말했다.

공의 실밥이 보일 정도로
노렸다가 치면
홈런을 칠수있다

그런 그도 실제로
공의 실밥을 본 적은
몇 번 없었다고 한다.

야구공은 주식 종목이다.

공의 실밥이 보인다는 것은
종목을 집중 연구했다는 것이다.
대박의 확신이 섰다는 것이다.

안개장세 때는 종목 선정이 어렵다.
시세의 연속성도 기대하기 어렵다.
무리하기보다는 현금을 보유하면서
장을 길게 내다보는 것도 방법이다.

종목 매매 들어갑니다.
10월 30일(월) ~ 11월 3일(금)

10월 30일(월)

하웅

셀트리온제약

시장가 전량 매도.

31,150원 X 86주 = 2,678,900원
매도 완료.

+30,100원

ㅎㅎ 거래수수료 빼면 계산이 +? −?

10월 31일(화)

하웅

삼성에스디아이

전량 매도.

203,500원 X 10주 = 2,035,000원
수익 95,000원

삼성에스디에스

5주 매수.

206,500원 X 5주 = 1,032,500원

완료.

삼성에스디에스

추가 매수.

207,000원 X 17주 = 3,519,000원

삼성에스디에스 총 32주 보유.

나머지 자금으로 1주 더 매수 요망.

1주 매수 가능한 금액이 남았는데
전산으로 들어가지 않는다네요.

허영만은 증거금★ 100% 고객이므로
현금 예수금★ 부족으로
오늘은 매수할 수 없고
내일은 가능하다네요.

내일 아침에 바로 매수.

〈삼성에스디에스〉

3
천
만
원

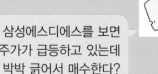

삼성에스디에스를 보면
주가가 급등하고 있는데
잔고를 박박 긁어서 매수한다?
더 오른다고 판단하고
있는 중인가요?

하여간 예스.

★ 증거금 : 미수 거래를 위한 필요 금액으로 허영만이
증거금 100% 고객이라 함은 주식 계좌에
현금이 있어야만 거래가 가능함을 의미한다.

★ 예수금 : 주식 계좌에 있는 현금을 얘기한다. 주식은
매도 체결 후 D+2 영업일(주식 거래 가능일/
휴일 제외) 후에 인출이 가능하다.

11월 1일(수)

09:05 삼성에스디에스

206,500원 X 1주 = 206,500원
매수 완료.

총 33주 보유 중.

삼성에스디에스를
집중 매수하는 이유는?

하웅

현재 장세가 대형주 위주의
실적장세.

그중 삼성 그룹주로 매수에 집중.

중소형주의 소외장.

"시장에 맞서지 말고 순응하라."

삼성에스디에스는?

삼성그룹 계열 시스템 통합(SI)업체. 컨설팅/SI 아웃소싱 부분의 IT 서비스 사업 부문과 물류 업무를 위탁/수행하는 물류 BPO★ 사업 부문으로 구분. 국내 SI 시장 점유율 1위 업체.
삼성그룹 계열사, 관계사에 대한 매출 비중 높음. 사물인터넷(IOT)을 포함한 공동플랫폼 인세이터(Insator)를 선보이는 등 사물인터넷 사업 추진.

• 최대주주 : 삼성전자 22.58%
• 주요주주 : 삼성물산 17.08%
　　　　　　이재용 9.2%

★BPO(business process outsourcing) : 회사 업무 처리의 전 과정을 외부 업체에 맡기는 아웃소싱 방법.

경제학자가 되어가는 느낌입니다. ㅎㅎ!

18
99번의 성공보단 1번의 실패가 무섭다

3
천
만
원

미
래
를
바
라
보
라

3
천
만
원

3
천
만
원

기다리는 봄은 오지 않는다

저점 매수 타이밍을 기다리지만
누구나 같은 생각을 하고 있으므로
기회를 잡기가 어렵다.
너무 기다리다 상승 장세를 놓치고
오히려 상투 무렵에 뛰어드는 경우가 많다.

종목 매매 들어갑니다.
11월 6일(월) ~ 11월 10일(금)

6일과 7일은 거래 없음.

하웅

삼성에스디에스 14:41

절반 매도.

탄력 둔화.
거래량 감소.

206,500원 X 16주 = 3,304,000원
매도 완료.

삼성에스디에스
나머지 절반 매도. 15:17

208,000원 X 17주 = 3,536,000원
매도 완료.

+117,009원

우담선생

엠젠플러스 15:14

앗! 어서 오세요.
한참 만에 등장입니다.

7,650원에 300만원 매수.

인간 인슐린 분비 돼지 관련
연구성과 발표.

증권사 담당이 계속 통화 중.
어휴, 시간 다 되어가는데…

16:35

7,700원 X 389주 = 2,995,300원
시간 외 종가로 체결 완료.

엠젠플러스는?

ICT 및 바이오사업 업체. ICT 부문에서 프린
터 현상 기자재 조달/판매와 스마트홈 네트워
크 장비 제조·판매 사업. 주요 거래처는 에스
프린팅 솔루션, 삼성SDS, KT하이텔 등. 바이
오 부문에서 이종 장기 및 치료용 세포조직 연
구개발 등의 사업체.

11월 9일(목)

하웅

삼성에스디아이

222,000원에 보유 금액 절반 매수.

222,000원 X 15주 = 3,330,000원
매수 완료.

이성호

참좋은여행

11,200원에 150만원 매수.

기술적 분석상 양호.
실적 호조 지속 예상.

11,200원 X 133주 = 1,489,600원
매수 완료.

참좋은여행은?
여행 패키지, 항공권 등을 판매하는 여행 사업
및 고가의 전문 자전거(Cello, Blackcat), 자전거
용품 등을 판매하는 자전거 사업을 하는 업체.
2017년 9월 자전거 사업 부문 분할.

디딤

2,190원 매도 주문.

조금이라도 반등 나오면 매도 체결 예정.

매도 주문 완료.

2,190원 X 694주 = 1,519,860원
매도 완료.

**쿼터백
자산운용**

43

미
래
를

바
라
보
라

어서 오세요. 반갑습니다.

ARIRANG 신흥국(합성 H)
21주 매도.

KODEX 국고채 3년
4주 매도.

TIGER 일본 TOPIX(합성 H)
22주 매수.

ARIRANG 신흥국(합성 H) 매도 완료.
11,260원 X 21주 = 236,460원

+10,815원

KODEX 국고채 3년 매도 완료.
54,990원 X 4주 = 219,960원

−2,240원

TIGER 일본 TOPIX(합성 H) 매수 완료.
15,370원 X 22주 = 338,140원

신흥국 : 경제지표가 건조한 흐름을 지속하고
있으며 통화 변동성도 안정적인 수준을 유지하며
여전히 매력적인 투자대상으로 선발됨.
그러나 달러 지수의 상승 반전, 정정 불안 등
위험 요인이 부각되며 기존 대비 투자 매력 둔화.
일본 비중 상향을 위한 비중 축소 진행.

일본 : 최근 양호한 경제지표가 지속되고 있고,
안전자산 선호 심리로 일시적 강세를 보였던
엔화가 다시금 약세로 선회하며 일본 주식시장의
매력도 상승에 긍정적 영향을 주고 있음.
지난 9월에 이어 추가 비중 확대.

채권 : 가파른 금리 상승세는
일단락되었을 수 있지만,
기본적으로 경기 회복과 통화정책 기조 변화에
따른 추세적인 움직임이 이어질 것으로 분석.
기존 대비 일부 비중을 축소하여
현금으로 전환함.

카카오

남은 금액 전부 매수.

154,000원 X 22주 = 3,388,000원
매수 완료.

카카오는?
모바일 메신저, 애플리케이션, 모바일 플랫폼
구축 등의 사업을 영위하는 인터넷 포털 서비
스. 제공업체 다음을 통해 우회 상장.
국내 1위 메신저인 카카오톡, 국내 1위 SNS 서
비스인 카카오 스토리를 포함한 다양한 모바일
서비스를 제공하고 있으며 가입자를 대상으로
모바일 게임, 모바일 광고, 모바일 커머스, 모바
일 콘텐츠 등의 서비스를 연계하여 수익을 창출.

45

미
래
를
바
라
보
라

19
주식투자에 기적은 없다

로또복권의 당첨 확률은 $\dfrac{1}{8,140,000}$ 이다.

벼락을 맞은 사람이 요행히 살아나서
다시 벼락에 맞을 확률과 맞먹는다고 한다.

아주 희박한 확률에 걸렸을 때
우리는 그것을 '기적'이라고 한다.

주식투자는 복권이 아니다.
기적도 없다.

그러나 상당수 주식투자자들은
큰 행운을 기대하면서
도박 심리로 주식시장에 뛰어든다.

주가는
기업 내용과 일치하는 기간은 짧고
기업 내용과 동떨어진 상태에서 형성된다.
기업 내용에만 치우치면
시장의 유동성을 따라가지 못한다.

지나치게 기업분석과 실적을 따지면
시장의 흐름을 따라가지 못한다.
예상이 어긋나면 신속히
투자전략을 수정하는 유연성도 떨어진다.

3
천
만
원

성공의 기회는
노력하고 기다리는 자에게
조용히 다가온다.

기회는 지렁이처럼 왔다가 토끼처럼 달아난다

주식투자의 성패는
매수 시점과 매도 시점을
여하히 잘 잡느냐에 좌우된다.

3 천만원

이 문제는 족집게 점쟁이라도 말을 아껴야 한다.
등락은 확률이 1/20이지만 최고점과 최저점을
맞출 확률은 거의 없으니까.

살아남을 방법은 있다.
여러 가지 여건을 공부한 다음
최고점은 어렵더라도 그냥 고점에서 팔고
최저점을 알지 못하더라도 저점이다 싶으면 산다.
단 한꺼번에 매수 · 매도하는 것보다는 분할해서 하는 것이
리스크(risk)를 줄이는 좋은 방법이다.

우물쭈물할 시간이 없다.
순식간에 기회는 없어지고 만다.
결정하면 바로 실행하라.

종목 매매 들어갑니다.
11월 13일(월) ~ 11월 17일(금)

11월 13일(월)

VIP자문
최준철

경동나비엔 14:39

51,500원에 보유 수량 절반 매도 주문.

단기 급등에 따른 비중 축소.

매도 주문 완료.

오늘 체결 안 되면 내일 다시 주문.
매도 대금은 추후 다른 종목 매수에 사용함.

요즘 코스닥 쪽도 좋지요?

네. 대형주에서 개별 종목으로
축이 이동하는 것 같습니다.

코스닥 쪽으로 투자자들의
관심 이동 기미가 있어요.

심리에는 도움이 되겠지만
코스닥 대형주들이 이미 너무 비싸 보입니다.

하웅

삼성에스디아이

매도.

기획재정부에서 전기차 보조금
예산을 축소했다는 뉴스.

단기 악재라 일단 손절.

210,500원 X 15주 = 3,157,500원
매도 완료.

손실 172,500원

사자마자 단기 악재라
머리 아프네요.

 카카오

여유 금액으로 전부 매수.

154,000원 X 21주 = 3,234,000원
매수 완료.

카카오 총 43주 보유.

평균 단가 154,000원

이성호

참좋은여행 08:46

장 시작 전 동시호가에
전량 11,950원에 매도 주문.

한창산업

장 시작 전 동시호가로
전량 8,290원에 매도 주문. 09:08

수정.

참좋은여행
12,450원 매도 주문.

참좋은여행
그냥 시장가 매도. 09:10

참좋은여행

11,750원 X 133주 = 1,562,750원
매도 완료.

수익 73,150원

11월 14일(화)

이성호 씨

한창산업

7,190원 X 400주 = 2,876,000원
매도 완료.

손실 172,000원

11월 15일(수)

VIP자문 최준철 씨

경동나비엔

50,500원 X 15주 = 757,500원
매도 완료.

수익 245,250원

11월 16일(목)

이성호

명문제약   09:50

6,620원에 매수 가능액
전부 매수 주문.

상승하지 않은 중소형 제약주.

기본적 분석, 기술적 분석도
다른 중소형 제약주에 비해 양호한 편.

09:55 　주문 완료.

현재 6,700~6,710원이라서
6,620원은 조금 기다려야겠죠?

체결 안 되면 어쩔 수 없죠.

10:23 　앗! 체결 완료!

6,620원 X 437주 = 2,892,940원

와~ 또 한 수 배웠어요!

80~90원 차이여서 어려워 보였는데
거래는 이렇게 하는 거군요!

명문제약은?

일반 및 전문 의약품 제조 판매업체. 골관절염 치료제 명문아트로다캡슐, 전신마취제 프로바이브 주사, 담즙성 소화불량 치료제 씨앤유캡슐, 근육연축 치료제 에페신정, 멀미 및 구토 치료제 키미테 등의 의약품 생산 판매.
2012년 1월에 (주)명지약품 흡수 합병. 골프장 운영업체 (주)명문투자개발 등의 계열사 보유.

• 최대주주 : 우석민 외 24.06%

쎄미시스코 　10:38

14,900원 전량 매도 주문.

바로 주문해놨는데 체결 안 되고 있음.

혹시나 상승 나오면 체결시키려고 미리 주문 넣었어요.

실시간 빠른 주문은 힘들 것 같아서 적당한 가격에 주문했죠.

권총 빨리 뽑는 연습 많이 할게요.ㅎㅎ

우담선생

엄젠플러스 10:49

8,100원 전후 전체 매도 주문.

10:51 매도 주문 완료.

현재 8,060원

10:53 아… 8,100원보다
더 올라가는데요.

수정 주문할까요?

11:04 아. 체결됐습니다.

8,100원 X 389주 = 3,150,900원

175,050원 수익.

열 배 더 투자했으면
1,750,500원 수익 났을 텐데…

백 배 더 투자했으면
17,505,000원 수익 났을 텐데…

아쉬워요.

독자 여러분,
이런 상상까지만 허용합니다.
수익 뒤에 바로 판돈 올린다면…
위험할 수 있습니다.
절대 자제!!

11월 17일(금)

10:19 이성호 씨

쎄미시스코
어제와 같이 매도 주문할까요?

 이성호

오전에 액션할 때
추세 상단인 14,000원 후반대에
못 가서 아쉽네요.

오늘은 여기서 멈추기만 해도 다행일 듯.
23일부터 대구미래자동차 엑스포가
열리니까 큰 하락만 아니면
기다려볼 참임.

쎄미시스코 자회사가
전기차 만드는 곳이라
약간의 호재일 수 있음.

예. 다음 주에 기대해봅시다.

하웅

다음 주에는 카카오 절반만
중장기로 가고 반 매도 후
다른 종목 포함해서
단기, 중기 섞어서 매매할 예정.

구웃.

우담선생의 판세 보기

– 11월 마지막 주 –

우담선생

코스피, 코스닥 급락세 보임.
삼성전자에 대한 모건스탠리의
부정적 보고서(목표가 하향)를 계기로
지난해, 올해 급하게 상승한 것에 대한
외국인 반도체 등 IT 업종의
이익 실현 매물 출회. 새벽에 끝난 미국 장이
나스닥 하락에도 영향을 주었음.

12월 중순까지 개인 투자자는
보수적인 자세를 보이는 것이 좋을 듯.
원·달러 환율이 1,100원 아래로
떨어지면서 수출 주도의 산업 구조인
경제에도 부정적임.

하지만 경제 여건이 좋을 때 나타나는
현상으로 크게 염려할 것은 아님.

내년 장 대비한 우량기업 선취매하기에
매우 좋은 기회라고 판단됨.

아닌 게 아니라 오늘 시장이
큰 폭으로 하락했습니다.
성장주들이 급락했고
소비재주 상승이 눈에 띄었습니다.

근간에 시장이 좋아져
레버리지를 써서 들어오는
개인 투자자도 많다고 하는데
많이 위험해 보입니다.
턱없이 올라간 바이오주도
경계해야겠습니다.

대형주 쪽의 가장 큰 이슈는
모건스탠리의 삼성전자에 대한
부정적 리포트 발간 소식이었습니다.
지난 2년간 한국 증시를 주도해온
산업이 반도체라는 점에서
이번 이슈는 단기적으로
한국 증시 전반에 대한
추가 상승 또는 하락에 대한
논란을 키우고 있습니다.

중국과의 관계 개선으로 중국 소비
관련주들이 반등을 시작했습니다.

화장품, 면세점, 카지노 등이
사드 이슈 이후
중국과의 관계 악화로
주가가 큰 폭으로 하락했는데
중국과의 관계 개선에 따른
요우커의 방문 확대 기대감으로
반영되면서 반등 모멘텀을
형성하고 있습니다.

신정부의 4차 산업혁명,
혁신기업 지원 정책 강화에 따라
정책 관련주들이 큰 폭으로
상승하고 있습니다.

지난주에는 정부가 그동안
금지해온 배아줄기세포를 통한
바이오 연구를 허가할 것이라는
소식으로 관련 바이오주들이
상한가를 기록하며
상승세를 보였습니다.

한국은행이 6년간 5개월 만에
정책금리를 25bp 인상하였습니다.
글로벌 경기 회복에 따른
금리 정상화의 시작으로
금리 상승 수혜 중인 은행·보험주가
상승 흐름을 보이고 있습니다.

12월로 접어들면서
1년 동안의 성과를 결산하는
외국인, 기관투자가들의 차액 매물과
2018년을 준비하는 신규자금 간의
치열한 공방이 벌어지는
한 주가 될 것으로 보입니다.

20
긴 보합은 폭등이나 폭락의 징조

바닥권이나 상승 시세의
중간의 큰 보합에서는

상승을 위한 충분한 시장 에너지가
축적되었기 때문에

주가가 상승하기 시작하면

큰 시세가 나올 가능성이 많다.

반대로

천정권이나 하락 시세의
중간에서 생기는 긴 보합은

시세의 추진 에너지가 없어진 것이므로

주가가 하락할 때

큰 폭으로 하락한다.

꽃은 키우고 잡초는 제거하라

나의 정원에는 꽃만 키우고 싶지만

항상 잡초가 끼어든다.

마찬가지로 내가 투자하는 주식도
수익이 나는 주식만 갖고 싶지만

손실이 나는 주식이 반드시 끼어 있다.

손실이 나는 주식,
즉 잡초에 미련 두지 말고
과감히 제거하라.

꽃은 키우고 잡초는 잘라버려라.
반대로 꽃을 자르고
잡초에 물을 주면
정원은 엉망이 될 것이다.

종목 매매 들어갑니다.
11월 20일(월) ~ 11월 24일(금)

20일 매매 없음.

11월 21일(화)

이성호

명문제약　09:34

6,770원 전량 매도 주문.

09:40　6,770원 X 437주 매도 완료.　

한신기계　09:44

매수 가능 수량만큼
4,065원 매수 주문.

09:54　4,065원 X 718주 매수 완료.

한신기계　10:00

전량 4,380원 매도 주문.

쎄미시스코

전량 15,900원 매도 주문.

앗! 한신기계는
사자마자 팔자로!

주문했으나 미체결

한신기계는?

공기압축기(Air Compressor) 전문 제조업계 1위
업체. 피스톤형, 스크루형의 전 기종에 걸쳐
생산 공급하는 국내 유일 업체. 원자력 발전소
용 공기압축기 국내 주요 원전에 공급.
2001년 중국 청도에 현지법인 설립.

· 최대주주 : 최영민 외 20.94%
　　　　　　STERLING GRACE
　　　　　　INTERNATIONAL LLC 외 16.55%

11월 22일(수)

이성호

쎄미시스코   10:27

전량 14,300원 매도 주문.

체결되면 한신기계
매수 가능 수량   10:45
4,065원에 추가 매수.

11:09 쎄미시스코
매도 주문 완료.

매도 완료 후
한신기계 매수 주문 예정.

혹시 쎄미시스코
매도 체결 안 됐으면 11:20
시장가 매도.

한신기계는 주문하지 마세요.
올라버렸어요.

11:21 아… 그 사이에…
미안.

한신기계 11:21

보유주 전체
4,445원 매도 주문.

오ㅋ

통화 어려워서
즉각 대응하지 못하니까
이런 일이 생기네요. 흑…

11:32　쎄미시스코

14,124원 X 229주 = 3,234,396원
매도 완료.

수익 97,096원

한신기계

4,445원
매도 주문 완료.

한신기계 매도 미체결

하웅

카카오

50% 매도 후 매도 금액으로

엘앤에프 매수.

카카오 매도.

153,500원 X 22주 = 3,377,000원

손실 11,000원

엘앤에프 매수.

45,650원 X 73주 = 3,332,450원

엘앤에프는?

2000년 7월 설립. 연결대상 종속 회사는 2차 전지 및 양극화 물질과 그와 관련된 소재의 제조 및 판매가 주요 사업.
양극화 물질을 자회사 제이에이치 공업(주)을 통해 양산 중. 대한광업진흥공사 등의 정부기관에서 광물자원 확보를 위해 민간기업으로 지원 중. 동사에서도 중국, 호주, 남미 등의 광물자원 확보 노력 중.

- 매출구성 : 제품 99.46% 기타 1.13%
  상품 0.95% 재료 0.46%

11월 23일(목)

하웅

카카오   09:59

156,500원 매도.

수정. 10:02

155,500원 매도.

10:38 155,500원 X 21주 = 3,265,500원

수익 31,500원

체결 완료.

엘앤에프

보유금액 전부 추가 매수.

2차전지 소재/원료 제조업체.
전기차 배터리 핵심 수혜주.

전일 전고점 돌파로
신고가 실현 중.

46,200원 X 70주 = 3,234,000원

체결 완료.

하웅 씨 기대됩니다.

이성호

한신기계

전량 4,540원 매도 주문.

4,540원 X 718주
매도 주문 완료.

현재 4,260원인데
너무 높지 않나요?

아직 시세 안 나온 것 같습니다.

시세 중에 빠른 매도 주문이 필요해서
일단 적당한 가격에 걸어봤습니다.

현재 가격에서 7%만 더 오르면
그 가격이니까 불가능한 건 아닙니다.

쎄미시스코 14,900원 근처에 매도 주문해서
미체결되었지만 쎄미시스코도 오늘에서야
15,000원 부근에 도달했네요.

한신기계가 오늘 추가 상승하지 않아도
조만간 4,400원 이상은
한 번 오를 확률이 높아 보입니다.

물론 손절할 확률도 있고요.

이성호 씨는 시간 여유 있게 베팅하고 하웅 씨는 바로바로 체결되게끔 시세에 가깝게 베팅하네요. 두 분 스타일에 차이가 있어요.

매매 시간 단축을 위해서 증권회사의 '주문 대리' 제도를 이용할 예정입니다.

한신기계　15:08

4,210원 282주

추가 매수 주문.

3
천
만
원

앗! 한신기계
팔자에서 사자로!

주문 완료!

체결!

4,210원 X 282주 = 1,187,220원

한신기계
총 1,000주 보유.

11월 24일(금)

이성호

한신기계 09:01

전량 4,390원
매도 주문.

매도 주문 완료.

한신기계 14:09

매도 주문 취소.

완료.

시세와 차이가 있어서
다음 주를 노리네요.

21
꿈이 있는 주식이 뛴다

투자자들이 주식을 사는 것은
미래에 대한 기대 때문이다.

비록 현재의 재무 상태나 수익성은 나빠도
장래를 내다보는 큰 꿈이 있다면
현재 좋은 상태의 주식보다 더 크게 오를 수 있다.

끼 있는 주식이 잘 오른다

과거 주식시장에서
크게 오른 적이 있는 주식에
투자자의 관심이 집중되는 것은 당연하다.
다음에 오를 때도 크게 오를 수 있다.

큰손들이 작전에 성공하면 그다음에도
다시 그 주식에 작전을 시도한다.

과거에 재미를 봤던 주식은
투자자들이 좋은 기억을 갖고 있기 때문에
시세가 쉽게 만들어지기도 한다.

종목 매매 들어갑니다.
11월 27일(월) ~ 12월 1일(금)

11월 27일(월)

이성호

한신기계
매수 가능 수량 전체
4,200원 추가 매수.

4,200원 X 492주 = 2,066,400원
매수 완료.

한신기계 보유주 1,492주.

한신기계 몰빵!
매매 시간차 때문에 손실이
생기지 않게 긴장하고 있습니다.

11월 28일(화)

이성호

한신기계
전량 4,265원 매도 주문.

10:11

수정.
4,245원으로 매도 주문.

10:12

10:16 매도 주문 완료.

죄송. 10:20

매도 주문 취소.
조금 손해 보더라도 기다리겠음.

10:26 바로 취소 완료.

증권시장의 급락 조짐 가능성.
급히 손절하려다가 중단하고 10:28
더 지켜보겠음.

좋아요.
얼마든지.

11월 29일(수)

이성호

한신기계
4,140원 전량 매도 주문. 09:52

09:53 매도 주문 완료.

한신기계 현재 4,100원

10:02 4,140원 X 1,492주 = 6,176,880원
수익 4,590원

고민해서 올인했는데 아쉬운 성적.

4,400원 한 번 찍을 때 더 상승할 걸
기다렸더니 계속 하락하네요.

시장도 약간 불안하고 매수 평가 단가가
그 근처쯤 될 거 같아서 손실을 피하기 위해
급하게 매도했네요.

ㅎㅎ 수고했어요.

11월 30일(목)

하웅

엘앤에프 손절매!

앗!

41,357원 X 143주 = 5,914,051원
매도 완료.

손실 652,399원

셀트리온제약 모두 매수.

61,300원 X 95주 = 5,823,500원
매수 완료.

몰빵에 또 몰빵…
하웅 씨는 승부하는 중.

12월 1일(월)

하웅

셀트리온제약 50% 매도.
(급등으로 투자 주의 경고 중)

67,500원 X 47주 = 3,172,500원
수익 291,400원

휴~ 성공했네.
전기차로 다 까먹고 ㅎㅎ

셀트리온제약 매도 시
전날 주가 급등으로
투자 경고 종목이었다가 풀려 있었다.

투자 경고 종목은 특정 종목의 주가가
비정상적으로 급등한 경우 투자자에게
주의를 환기시키고 불공정거래를
사전에 방지하기 위하여 지정한다.

이는 가수요를 억제하고
주가 급등을 진정시키는 등
시장 안정화를 위한 조치이다.
투자 경고 종목으로 지정되면

• 해당 종목을 매수할 때 위탁증거금을
100% 납부해야 하며
• 신용 융자로 해당 종목을 매수할 수 없으며
• 해당 종목은 대용증권으로 인정되지 않으며
• 주가가 추가적으로 급등한 경우 매매 거래 정지
및 투자 위험 종목으로 지정될 수 있다.

출처 : 네이버 지식인

경고 종목 지정 후
10일 후에 단기(5일간) 60% 상승하지 않고
장기(15일) 100% 상승하지 않고
15일 중 최고가가 아니어서 해제되었다.

실질적으로 시장에는 큰 의미가 없지만
경고 예정된 날 경고 지정으로 인하여
투자심리가 위축되는 경향이 있다.

이성호

셀트리온헬스케어

보유 금액 전부 매수.

아! 셀트리온 시리즈로
달립니다!

89,600원 X 35주 = 3,136,000원
매수 완료.

비트코인에 대하여

이번 주 이슈는 비트코인입니다.
요즘 암호화폐 비트코인
투기 때문에 시끄럽습니다.

정부 대책이 필요한 시점인데도
이미 너무 크게 번졌기 때문에
강력한 규제를 할 수 없나 봅니다.

이 때문에 정부 규제를 확인한 투자자들이
비트코인을 사들이면서
비트코인 가격이 되레 반등했습니다.

VIP자문
최준철

블록체인 기술은 향후 응용 발전이 가능하고
이에 기반해 만든 사람의 의도는 좋았으나
냉정하게 볼 때 현시점에서는 투기 대상이
되어버린 점이 안타깝습니다.

"현명한 사람이 시작한 일을
어리석은 사람이 끝맺는다."
– 워런 버핏

김태석 새 자문위원의 프로필은
23화에 소개합니다.

김태석

글로벌 카지노!
판돈이 너무 커져서 이젠 도박 금지를
시키기도 어려운 상황입니다.

한국인의 투기 속성과
군중심리를 가장 극명하게
보여주고 있습니다.

어리석은 사람들의 돈으로
암호화폐 산업이 꽃을 피울 수 있을지…

하웅

주식도 금도 17세기 튤립도
아저씨도 아줌마도 학생도…
버블은 그럴 때 찾아오더라고요.

비트코인이 화폐로 인정된다면
제2, 제3의… 제100의 암호화폐도
인정할 수밖에 없지 않을까요?

나중에는 암호화폐 종류가
100만 개 이상 될 겁니다.
자연스럽게 암호화폐보다
개발자가 더 많아질 거예요.
심한 거품입니다.

비트코인도
로보어드바이저로
어드바이스 가능할까요?

쿼터백
자산운용

실제로 미국에서는
비트코인 트레이딩 시스템을
제공하는 것으로 알고 있습니다.

비트코인은 펀더멘탈을 통한
가치 측정이 어렵기 때문에
가격데이터를 활용한 기술적 분석에
근거해서 시스템 트레이딩을
활용할 것으로 예상됩니다.

아마 한국에서도 유사한 케이스들을
제공하려는 업체가 생기지 않을까요?

이성호

약간의 안전장치만 마련되면
저도 비트코인에
단기투자해보고 싶어요.

아직 투자 여지가 있다는 건가요?
어제 암호화폐에 투자한 분과
저녁식사를 했는데
손에서 휴대전화를 놓지 않고
등락을 보더라고요.
그건 24시간 장 오픈이라는데
투자한 사람은 잠잘 시간도 없을 테죠.

제 다리 건너 지인이 많이 벌었다고 해서요.
암호화폐는 미국, 일본이 중심이 된
신자유주의의 꽃이자 딜레마 같아요.
결국 엄청난 후폭풍이 예상됩니다.
설계자와 타짜를 제외하고는
힘들어지는 사람들이 많이 생길 거예요.

단기간 급등한 상태라서
투자에 매우 유의하는 것이 좋겠습니다.

월간 누적 수익률 (11월 1일 ~ 11월 30일)

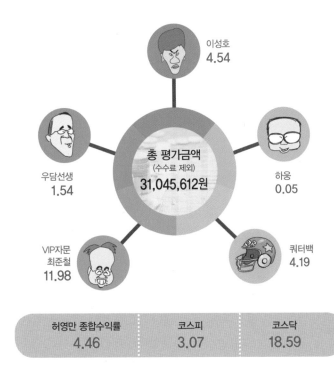

이성호
4.54

하웅
0.05

쿼터백
4.19

VIP자문
최준철
11.98

우담선생
1.54

총 평가금액
(수수료 제외)
31,045,612원

허영만 종합수익률	코스피	코스닥
4.46	3.07	18.59

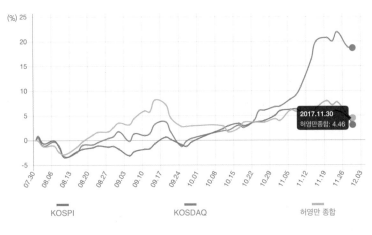

2017.11.30
허영만종합: 4.46

KOSPI   KOSDAQ   허영만 종합

2장

흐름에 맞서는 용기도 필요하다

22
나누어서 사고 나누어서 팔아라

그러나 성질은 노굿이었다.

주식투자도 마찬가지다.
시세에 대한 100% 확신이란
있을 수 없다.

한 나무에 올인하는 것보다

나눠서 투자해야
앞쪽은 뿌리가 뽑혀도

뒤쪽은 살아남는다.

나누어서 사고팖으로써
시황의 변화에 대비할 수 있다.

흐름에 맞서는 용기도 필요하다

흐름에 맞서는 용기도 필요하다

주식도 매우 위험한 게임이다.

항상 긴장하지 않으면 언제 깨질지 모른다.

주식투자는
수익을 내는 것도 중요하지만
손실을 줄여야 한다.

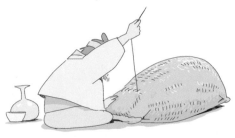

주식투자로
두 배, 세 배 수익이 났을 때
투자 금액을 더 이상 늘리지 말아야 한다.

흐름에 맞서는 용기도 필요하다

초짜 투자자들이 이익을 본 뒤
큰 실수를 하는 이유는
자신감은 커지고 긴장감이 없어졌기 때문이다.

성공을 낙관하기보다
실패의 공포를 두려워하라.

흐름에 맞서는 용기도 필요하다

종목 매매 들어갑니다.
12월 4일(월) ~ 12월 8일(금)

4일 매매 없음.

12월 5일(화)

 하웅

셀트리온제약 매도.

셀트리온헬스케어 매도.

셀트리온제약
60,700원 X 48주 = 2,913,600원
손실 28,800원

셀트리온헬스케어
83,700원 X 35주 = 2,929,500원
손실 206,500원

스튜디오드래곤
전액 매수.

신규 상장 후 가격 조정 마무리로 보임.
기관의 꾸준한 매수.
연말 방영 예정 드라마 〈화유기〉 흥행 기대.

64,400원 X 92주 = 5,924,800원
매수 완료.

3 천만원

상황에 따라 매수 · 매도
반복 대응하겠음.
수익이 안 나고 있어서 ㅠㅠ

스튜디오드래곤은?
CJ그룹 계열의 드라마 등 방송영상물 제작
업체.
드라마 콘텐츠를 기획/제작하며 미디어 플
랫폼에 배급하고 VOD · OTT 등을 통한 유
통 및 관련 부가사업 등을 영위. 〈미생〉, 〈또
오해영〉, 〈도깨비〉, 〈비밀의 숲〉 등을 제작.
주요 매출처는 최대주주 CJ E&M이 보유하
고 있는 tvN 및 OCN 등임.

• 최대주주 : CJ E&M(주) 외 75.7%

12월 6일(수)

하웅

스튜디오드래곤

손절 매도.

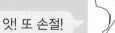

앗! 또 손절!

60,600원 X 92주 = 5,575,200원
손실 349,600원

엔씨소프트

전액 매수.

461,000원 X 11주
매수 체결.

1주 더 사주세요.

잔고 내에서 전부 구입했고요.
수수료 때문인지
추가 주문 불가입니다.

이성호

인바디

37,200원에
600만원 매수 주문.

36,800원 X 161주
매수 완료.

인바디는?

1996년 설립. 전자 의료기기인 체성분 분석기 생산. 일본, 미국, 중국 등에 현지법인. 동사의 체성분 분석기는 국내 약 20,000여 곳, 해외 6,000여 곳 사용 중.

12월 7일(목)

이성호

인바디

36,950원 전량 매도 주문.

주문 완료.

아직 36,900원대라서
기다리고 있음.

정정

전량 시장가 매도 주문.

36,950원 X 161주 = 5,948,950원
매도 완료.

수익 24,150원

하웅

매수 가능 금액 확인.

560,833원

엔씨소프트 1주
추가 매수.

472,500원 X 1주 = 472,500원
추가 매수 완료.

ㅎㅎ 누룽지 남은 것까지
싹싹 긁어서 베팅!

2017년 분석과 2018년 전망

자문단 여러분, 새해 복 많이 받으세요.
2017년 마지막 주입니다.
2017년은 지난 5개월의 성적이
저조한 데다 코스닥이 너무 뛰어서
상대적으로 더욱 낮아 보였습니다.

자문단 여러분, 2017년 자성과
2018년의 전망을 한마디씩 해주세요.

VIP자문
최준철

연중 내내 대형 IT주 위주의 장세,
바이오 주식 붐, 테마주의 출몰 등이
이어지며 가치투자자로서
녹록지 않은 한 해였습니다.

그래도 제가 믿는 원칙을 놓지 않고
강점을 가진 분야에 집중하려 최선을 다했습니다.

수익률이 많이 나올 종목보다는
독자들이 봤을 때 사업 내용을
쉽게 이해할 수 있으면서
가치투자의 방법론을 설명할 수 있는
종목을 선별하려 노력했습니다.

다행히 진입 타이밍이나 현재까지의 성과는
나쁘지 않았던 것 같습니다.

거래가 너무 적어 콘텐츠에
기여하지 못해 아쉽지만
저는 앞으로도 제 방식대로
해나가겠습니다.

그럼요.
자기 스타일을 고수해야죠.

김태석

저는 아마도 최 대표보다
더 기여하지 못하지 않을까 싶습니다.
욕심을 살짝 부려봤더니
역시나 그러면 안 된다는 걸
벌써 깨달았습니다.
도움은 못 돼도 민폐는 끼치지 말아야
할 텐데 걱정이 앞섭니다.

김 선생은 얼굴 디민 지 며칠이라고
벌써 그런 말씀을 하세요? ㅎㅎ

우담선생

개인적으로 2017년 하반기에
바쁜 일이 많아서 매매에
집중하기가 어려웠습니다.
제가 선수 출신이지만 특별한 경우를
제외하고 단기 매매는 지양하는 편이라
자문단 역할이 일부 불편한 부분이
있는 것도 사실입니다.

주식시장은 세상의 축소판입니다.
전업투자자에게 주식투자는
삶의 일부이고 생활입니다.
자산을 키우기 위해서 하는 투자행위가
리스크 관리를 못 하면 독이 되어 돌아오고
이에 많은 투자자들이 좌절합니다.

투자자나 독자들에게 이 웹툰이
주식투자에 긍정적 사고를 갖게 하는
작은 일깨움이 있는 읽을거리가 되길
기대하면서, 2018년엔 작품에 도움이
되도록 좀 더 노력하겠습니다.

2018년 새해에는 웹툰을 보는 독자,
투자자 여러분 모두 대박 나시길 기원합니다. ^^

3
천
만
원

2018년에는 대형주보다는
중·소형주(사이즈가 큰 종목)에서
큰 시세를 줄 가능성이 높아 보입니다.
섹터별로 보면 바이오·제약,
전기차(2차전지), 수소차 관련주를
주의 깊게 관찰할 필요가 있습니다.

새해 복 많이 받으세요. ^^

이성호

제 개인적인 일들도 많아서
시간이 많이 부족하여 매매에
집중하기 어려웠습니다.

그리고 오픈된 공간에 리딩하는 것
자체가 부담이 많이 되었고
대응도 부족해서 잘못된 매매가
많았습니다.

흐름에 맞서는 용기도 필요하다

최대한 민폐는 끼치지 말자는
생각 하나로 적당한 매매를 하려고
노력했었죠.

내년에도 지수 차트상 상승 추세는
유효하나 가상화폐의 인기가 계속
유지된다면 지금처럼 일부 테마주,
외인·기관 매수 종목 등을 제외하고
더욱 소외 현상이 커질 수도 있습니다.

인기가 떨어진다면 그 자금들이
다시 증시로 흘러들어올 확률이
높으므로 중·소형주까지도
봄바람을 기대할 수 있겠습니다.

2018년에도 최대한 민폐를
끼치지 않는 선에서 적당한 매매를
적당하게 해보겠습니다.

예. 적당하게 감사합니다～ ㅎㅎ

**쿼터백
자산운용**

1. 지난 5개월간의 운용 경과 및 소회

《3천만원》이란 웹툰의 자문단 일원으로
참여한 지 벌써 5개월여의 시간이 지나
2017년의 마지막을 앞두고 있습니다.

다른 무엇보다도 훌륭한 취지를 바탕으로
참신한 시도가 이뤄지는 프로젝트에
일원으로 참여할 수 있었던 점을
영광으로 생각합니다.

또한, 《3천만원》을 통해 아직은 대중에게
생소할 수 있는 규칙화된 투자,
로보어드바이저, 글로벌 자산 배분,
그리고 쿼터백 자산운용이라는 회사에 대해
소개를 드릴 수 있었다는 점에서
의미가 있었던 기간이라고 생각합니다.

다만 웹툰이 시작된 이후의
글로벌 시장의 모습을 되돌아보면
미국 S&P500 지수를 비롯하여
유럽, 일본, 신흥국 증시 등
글로벌 주식시장의 랠리가 지속되었음을
다들 아시리라 생각합니다.

이는 바꿔 이야기하면 굳이
투자 자산을 배분할 필요 없이
주식에만 투자하고 있는 것이 가장 유리한
성과를 낼 수 있는 환경이었다는 것이며,
특히 한국 투자자들은 삼성전자,
SK하이닉스 등 IT 대장주들을 필두로
코스피 지수가 랠리를 보이고,

코스피가 주춤해지면
코스닥이 바통을 이어받는 등
국내 주식 외에 굳이
다른 투자처를 둘러볼 필요성을
느끼지 못하였던 시장이었습니다.

이러한 환경에서

1) 다양한 자산에 분산 투자하는 자산 배분을
   통해 안정적인 성과와 함께 포트폴리오의
   전체적인 변동성을 낮게 유지하며,

2) 위험관리에 대한 강점을 바탕으로
   데이터에 기반한 규칙화된 투자를 추구하는
   당사의 매력이 충분히 어필되기에는
   쉽지 않았던 기간이었습니다.

125

흐름에 맞서는 용기도 필요하다

그러나 지난 5개월의 기간 동안
국내 개별 주식의 급등락과 무관하게
꾸준히 안정적인 성과를 기록하며
뚜렷하게 다른 포트폴리오의 모습을
제시했다고 자부하고 있습니다.
또한, 현재까지의 성과도(12월 11일 기준)
누적 4.65% 수준을 기록하고 있고,
이를 연환산시킬 경우 13.43%의 궤도로
성과가 나타나고 있다는 점에서
만족하고 있습니다.

또한, 단순한 수익률보다 이 기간 동안
변동성이 연 5.1% 수준으로
매우 낮게 유지되었다는 점에서
당사가 목표로 했던 낮은 변동성으로
안정적인 성과를 보여드렸던 기간이
아니었나 생각합니다.

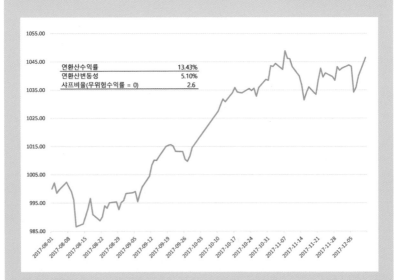

2. 2018년 매매 방향 및 전망

다가오는 2018년은 2017년보다 투자자분들께서 투자하는 데 더욱 어려움을 느끼실 한 해가 될 것으로 전망하고 있습니다.

이미 대부분의 증시가 너무나도 크게 오른 가운데, 금리 상승, 대체투자수단 부재 등 적절한 투자처 및 방법에 대해 많은 고민이 있으시리라 생각합니다.

쿼터백 자산운용은 2018년에도 객관적인 데이터 분석을 통한 규칙화된 투자를 실시하여 변화무쌍한 금융환경 속에서도 지금까지와 같이 낮은 변동성으로 안정적인 성과를 창출할 수 있도록 최선의 노력을 다할 것입니다.

다만, 자산 배분은 실시간 혹은 일별로 종목을 교체하고 매매하기보다는 중장기적인 호흡에서 데이터의 변화를 반영하여 매매가 이뤄지는 까닭에 웹툰 작업을 위한 재료 전달이 다소 부족했던 것 같습니다.

내년에는 굳이 매매와 관련된 내용이 아니더라도 당사 모델에서의 신호 변화, 쿼터백이 분석하고 있는 시장의 모습을 함께 공유하는 기회를 늘려서 독자들에게도 유익하고 적시성 있는 웹툰이 될 수 있도록 기여하겠습니다.

한 해 동안 수고 많으셨습니다. 감사합니다.

흐름에 맞서는 용기도 필요하다

하웅

우선 짧지 않은 기간 동안 투자 자문에
큰 보탬이 되지 않아 송구스럽구요.
올해는 시시각각 변하는 시장 대응에
미숙함을 보인 거 같습니다.
내년에는 좀 더 원활한 매매를 위해
장기, 중기, 단기 매매를 고루 자문하겠습니다.

《3천만원》 독자들에게 조금이나마
도움이 되도록 하겠습니다.
또한 내년 주 매매 종목은
바이오, 전기차, 4차산업 관련주로
압축 매매하겠습니다.

자문단 여러분,
2017년 8월부터 수고 많으셨습니다.

우담선생, 하웅 씨, 이성호 씨,
VIP자문 최준철 대표, 쿼터백 자산운용,
김태석 씨, 모두 시장에서
소문난 선수들이기 때문에
5개월의 성적에 연연하지 않습니다.
2018년에는 눈부신 매매를
보여주실 것으로 확신합니다.
감사합니다.

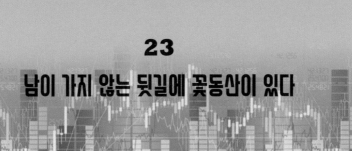

23
남이 가지 않는 뒷길에 꽃동산이 있다

인기 업종의 인기 종목에
관심이 가는 것은 당연하다.

흐름에 맞서는 용기도 필요하다

인기주는 거래도 활발하고
주가의 기복도 심하니까
쉽게 차익을 얻을 수 있을 것 같아서
투자자들이 몰린다.

하지만 인기주는 이미 가격이 올랐고
거래 시 자금이 많이 필요한 데다
기대만큼의 수익을 내기가 쉽지 않다.

비인기주에 눈을 돌리면
그중에서 재무구조가 건실하고
성장성이 높은 종목이 있게 마련이다.

흐름에 맞서는 용기도 필요하다

숨어 있는 주식이 인기주보다
훨씬 큰 수익을 낸다.
남들이 간다고 따라갈 일이 아니다.
먼지 안 나는 꽃길을 찾아라.
붐비지 않고 나비도 만나고
노래하는 새들도 만날 수 있다.

내부자 정보 100% 믿지 마라

흐름에 맞서는 용기도 필요하다

내부자 정보는 완전되거나
취소되거나 변경될 수 있다.
100% 믿지 마라.

＊중요한 팁 : 내부자 거래는 불법이다. 잡혀간다.

그동안 다섯 분의 자문단으로
《3천만원》 만화를 꾸려왔습니다.
허나 다섯 분보다는 여섯 분이 나을 것 같아
한 분을 더 모셔서 도움을 받고자 합니다.
따라서 계좌가 하나 늘어서
만화의 자본금은 600만원이 추가되어
3,600만원으로 증액되었습니다.
만화 제목은 그대로 3천만원으로 갑니다.

흐름에 맞서는 용기도 필요하다

자문단
남산주성
김태석

〈투자방법〉

- 가치투자(워런 버핏이 되고 싶은 피터 린치)
- 기업의 가치를 산정하고 시가총액(가격)을
  비교하여 괴리가 큰 종목을 선별하고
  그중 실적이 우상향하거나 턴어라운드하는
  기업에 대한 투자를 선호한다.
- 저PBR, 저PER, 고배당주 등 안전마진이
  충분한 기업을 선호한다. 더불어 미래의
  성장가치도 매우 중요하게 생각한다.
- 약간 비싸더라도 장기적으로 실적이 계속
  증가할 만한 기업이나 신성장 동력이 될 만한
  사업을 전개하는 기업들에 대해서 장기투자한다.
- 주식과 결혼하는 심정으로 투자하고
  속칭 물타기도 떨어지는 칼날이 아니라
  떨어지는 돈이라 생각한다.
- 싸게 사는 걸 가장 중요하게 여긴다.
  싸게 사서 시장에서 적정한 가치를
  평가받을 때까지 기다린다.

〈투자철학〉

- [滿招損謙受益] 만초손겸수익
  《서경》에 나오는 말로 자만하거나 거만하면
  손해를 보고 겸손하면 이익을 얻는다는 뜻.
  (책상 옆에 액자로 만들어 붙여놓고 항상 새겨본다.)
- 주식시장은 단기적으로는 인기투표 기계지만
  장기적으로는 가치를 재는 저울이다. (벤자민 그레이엄)
  주식시장에 나보다 뛰어나고 똑똑하고
  돈 많은 사람들이 너무나 많기에
  그들과 맞짱 떠서 싸우기보다
  나의 모자람을 깨닫고 충분히 공부하고

알아보고, 충분히 싸다고 판단될 때
여러 번에 나눠서 사고 적정한 가격이 되면 판다.
주식을 사는 행위는 기업의 지분을 사는 행위라는
단순한 상식과 본질에서 벗어나지 않으려고 노력한다.

〈투자 이력〉

• 필명 남산주성.
• 평범한 샐러리맨에서 전문 투자자로…
• 부산 출신.

 - 1999년 7월 효성데이타시스템 입사하면서 상경.
 - 1999년 하반기 IT 버블기 때 친구 따라 강남 간다는
   심정으로 소액(100만원)으로 주식투자.
 - 2001, 2002년 IT 거품이 꺼지고 부실기업들이
   시장에서 퇴출되면서 몇 년간 알뜰살뜰 모았던
   돈을 다 잃음.
 - 2003년 회사에서 열심히 일해야 되는 상황
   20% 이상의 시가배당을 주던 휴스틸에 투자.
   (배당과 주가 상승 두 마리 토끼)
 - 2005년 9월 휴직 후 작은 집을 사고 2억 4천만원의
   종잣돈으로 전업투자자의 길을 선택.
 - 2005년 10월 네이버 가치투자연구소 카페 개설.
   (개설 목적은 지인들과 투자 아이디어 공유)
 - 2005~2017년 이후 12년간 단 한 차례도
   연간 마이너스 없이 꾸준히 복리 수익을 거둠.
 - 2017년 12월 현재 와이프 합산 가족 순자산은 270억,
   주식투자되어 있는 자산은 255억 정도.
   연 20~30% 정도의 수익률을 목표로 보수적 투자를
   지향함.

• 존경하는 투자자 – 워런 버핏, 피터 린치

종목 매매 들어갑니다.
12월 11일(월) ～ 12월 15일(금)

12월 11일(월)

김태석

DB금융투자 100만원 매수.

한신공영 100만원 매수.

4,110원 X 242주 = 994,620원
DB금융투자 매수 완료.

18,750원 X 53주 = 993,750원
한신공영 매수 완료.

김태석 님의 명성에
누가 되지 않도록
매매 잘 부탁합니다. ㅎㅎ

DB금융투자는?

중견 증권사. 순자산 6,200억. 시가총액 1,770억.
PBR 0.28 수준의 증권주 중 가장 저PBR 종
목. 대우조선해양 충당금. ELS 관련 손실 등
으로 최근 몇 년간 실적 안 좋았으나 지난 2분
기부터 실적 턴어라운드. 3분기에는 연결 영
업익 282억, 지배주주 순익 168억의 놀라운
실적. 이후 지속적인 실적 기대.

2018년 DB금융투자 자체로 400~500억의 영업 이익을 기대하고 더불어 동부저축은행 등의 연결 회사들 실적도 기대되는 상황. 증권주들 대부분 주가가 많이 올랐지만 동부증권은 거의 안 올랐음.

자본 확충의 필요성이 있어 유상증자 등의 가능성 있으나 현재 액면가 미만이라 불가능. 할인을 감안하면 적어도 6,000원 정도의 주가가 형성되어야 가능하리라 여겨짐. 오히려 회사가 주가 상승을 위해 노력할 것을 기대.

거래량이 부족했으나 최근 동부제철이 가지고 있던 물량이 블록딜 형태로 시장에 풀리면서 유동성도 좋아진 상황. 30~50% 정도의 주가 상승을 바라보면서 투자자의 만족도를 높여줄 수 있는 저평가 기업.

한신공영은?

1950년 창립된 67년 역사의 종합건설업체. 반포에 27차에 이르는 한신 아파트와 한신 더휴라는 브랜드로 널리 알려진 회사.

현재 이 회사의 주가는 18,500원, 시가총액은 약 2,000억(전환 사채까지 감안하면 약 2,160억), 2017년 3분기 현재 순자산은 3,300억. 2017년 3분기까지 누적 영업 이익은 848억, 순이익은 605억. 2017년 결산 영업 이익은 1,000억 이상. 2018년은 1,200억 정도로 예상. 즉, 2~3년간의 이익만으로도 현재 가격으로 회사 지분 100%를 살 만큼의 돈을 벌어들임.

부정적인 건설업종의 분위기를 감안해도 이해하기 힘들 정도로 현재 극심한 저평가 상태.

코스피에서 가장 낮은 PER를 받고 있음.
척박한 땅이지만 콘크리트 사이를 비집고 올라와 핀 한 떨기 민들레이길 기대함.

현재 버는 돈과 앞으로 2~3년 자체 분양 사업 등으로 벌어들일 예상 수익을 보면 잘 가꾸어진 정원의 장미보다 훨씬 예쁜 민들레가 될 가능성이 높다고 봄.
수익 급증에 따라 민들레 홀씨 같은 배당은 덤으로 늘어날 가능성도 있어 보임.

12월 12일(화)

오늘은 영하 12℃.
한파주의보가 내렸다.
매매가 없으니 더 춥다.

이성호

유니슨 15:22

4,385원에 300만원
매수 주문.

앗! 이성호 씨
베리 웰컴!

장 마감 8분 전!

15:26 주문 완료.

15:31 4,360원 X 684주 매수 완료.

25원 싸게 샀다.♬

최근 급등하지 않고 긴 조정 중이어서
급락은 나오지 않을 듯.

정부의 탈원전 정책으로
신재생 에너지 기업이 계속 주목받을 수 있음.

그러나 태양광 관련 기업은
중국 관세 이슈 때문에 제외했음.

긴 조정을 끝내고 재차 상승 or 반등
나올 수 있는 구간으로 보임.

유니슨은?

풍력 발전 산업체. 750KW, 2MW, 2.3MW급
풍력 발전 시스템과 풍력 발전 타워 등 풍력 발
전기 완제품을 국내외 판매, 설치, 대규모 풍력
발전 단지 조성, 운영, 유지 보수 사업 영위.

• 최대주주 : Toshiba Corporation 19.4%
• 주요주주 : 한국산업은행 6.8%

이성호

유니슨

전량 매도 주문.

4,540원 X 684주 = 3,105,360원
매도 완료.

수익 123,120원

하웅

엔씨소프트

신고가★ 코앞이라 당분간 보유함.

옙.

신고가를 기록하면
더 달릴 가능성이 높나요?

해당 주식으로 손해 본 장기 투자자가
거의 없어 매물대가 약하고
공매도 투자자의 숏커버링도
나올 가능성이 많아 당분간
주가가 우상향하는 경향이 많아요.

아~

★ 신고가/신저가 : 주가가 과거에 없었던 최고 가격을 기록했을 때 그 가격을 신고가라고 한다. 신고가 종목이란 주식 가격이 새롭게 높은 가격을 기록한 종목을 말한다. 신저가는 신고가와 반대되는 말로 주가가 과거에 없었던 낮은 가격을 기록한 경우를 말한다.
 − 네이버 지식백과 시사경제용어 사전

오늘 엔씨소프트가
상장 후 가장 높은 가격을
찍었다는 것임.

 우담선생

우리들제약

11,350원에
300만원 매수.

11,350원 X 264주 = 2,996,400원
매수 완료.

우리들제약
실적 지속적 개선.
기관 · 외국인 순매수.

12월 15일(금)

우담선생

우리들제약 11,900원 매도. 09:11

12,300원 정정 매도. 09:17

09:25 12,550원 X 264주 = 3,313,200원
매도 완료.

수익 316,000원

VIP자문
최준철

메리츠금융지주

15,750원에
40주 매수.

앗! 오랜만의 등장!

15,750원 X 40주 = 630,000원
매수 완료.

메리츠금융지주

메리츠화재, 메리츠종금증권, 메리츠자산운용을 보유한 금융지주회사.

사업 능력, 자본 배치, 주주 정책 등 모든 면에서 최고라 할 수 있는 경영진이 이끌고 있음.

메리츠금융지주는?

2011년 3월 메리츠해상보험에서 보험사업을 제외한 투자사업 부문이 인적분할됨에 따라 설립된 메리츠금융그룹의 금융지주회사. 메리츠종금증권, 메리츠화재해상보험, 메리츠자산운용, 메리츠캐피탈, 메리츠부동산자산운용 등을 자회사로 보유 중.

• 최대주주 : 조정호 외 67.80%

흐름에 맞서는 용기도 필요하다

24
눈 위에 서지 마라

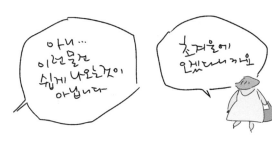

3 천 만 원

이 산은 안 되겠어요

엣?

산을 구입할때는 나뭇잎이 지고 난뒤에 봐야 형세를 제대로 볼수 있지요

목장을 만들기에는 너무 거칠군요

3 천 만 원

봄

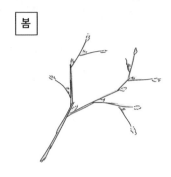

저것 보세요
눈이 녹으니까 돌투성이죠?

저런 곳에 풀이
자라겠습니까?

......

하락 추세 때 끝이 보일 때까지는
매수를 자제하라.
눈이 녹아서
진짜 바닥을 드러낼 때까지 기다려라.

눈으로 강세를 보고 귀로 약세를 들어라

시장이 상승 추세면 눈으로 확인하고

하락 추세면
증시 주변 여건에 대해 귀로 듣고 대비하자.

흐름에 맞서는 용기도 필요하다

대중의 투자 방향과 다소 다를지라도
시장 흐름에 맞서는 용기가 필요하다.

종목 매매 들어갑니다.
12월 18일(월) ~ 12월 22일(금)

12월 18일(월)

김태석

아침 시초가에서 시장가로
매수해주세요.

영풍

200만원

인터플렉스

200만원

영풍

1,051,000원 X 2주 = 2,102,000원
매수 완료.

인터플렉스

46,650원 X 40주 = 1,866,000원
매수 완료.

600만원 다 썼습니다.
저는 당분간 매매가 없을 듯합니다.

앗! 안 돼요!

계속 매매해줘야지요.

어쩌지? 《3천만원》 매매 성적이
코스피보다 쬐끔 낮지만
엄청 뛴 코스닥보다는 낮아서
실적 개선해야 독자의 관심도가
높아질 텐데… 어휴.

영풍은?

아연괴 및 기타 유가금속을 제조, 판매하는
종합비철금속 제련 회사.
아연 제품 가격은 국제시장가격(LME) 및 환율
에 연동되며 황산 가격은 국내외 수요와 원자
재인 유황의 국제 가격에 따라 산정됨.
주요 계열사로 고려아연, 시그네틱스, 코리아
써키트, 인터플렉스 등을 보유.

• 최대주주 : 장세준 외 73.84%

인터플렉스는?

영풍그룹 계열로 각종 전자제품 등에 사용되
는 연성인쇄회로기판(FPCB: Flexible Printed
Circuit Board) 전문 제조업체. 주요 고객은
삼성전자, 삼성디스플레이, LG디스플레이
등 국내 우량기업과 애플(Apple), 모토로라
(Motorola) 등 해외 글로벌 기업이 있음.

• 최대주주 : (주)코리아써키트 외 53.47%

19일 공치고
12월 20일(수)
20일도 공칠 가능성이 높다.
자문위원들이 꼼짝 않고 있다.

모두 가상화폐 쪽으로
투자 방향을 바꾸셨나요?
왕성하게 매매하던 하웅 씨,
이성호 씨도 잠수 중입니다.
베팅! 베팅!

하웅

비트코인 테마주로 돈이 모두 몰려 있어서
움직이는 주식을 찾기 힘듭니다.

그렇다고 무리하게 비트코인 테마주로
매매할 수도 없으니
당분간만 관망할 예정입니다.

햐아~ 우리 만화도
비트코인 영향권 내에 있군요.

이성호

요즘 상승 종목 대부분이
비트코인 테마주이긴 합니다.

그리고 시장 변동성이 커지고 있어서
지켜보는 중입니다.

157

흐름에 맞서는 용기도 필요하다

그러게요.
넘 일이 아니여.

우담선생

일천한 지식으로 주식투자 외적인 면을
논한다는 것이 때로는 투자자나 독자에게
잘못된 정보나 편견을 줄 수 있습니다.

아, 네에.

김태석

"나는 천체의 움직임을 계산할 수는 있지만,
인간의 광기까지 계산할 수는 없다."
— 아이작 뉴턴

주식투자 석 달 만에 네 배의 투자 수익.
더 오르자 오른 가격에 다시 샀고
그해 말 휴지가 되었다.

이럴 때도
이 말이 통용될까요?

"위험한 장사가 마진이 높다."

비트코인의 가격은 인간의 광기
외에는 설명할 방법이 없습니다.

뭐… 근데 투자하면서 자주 봐서…
그러려니 합니다만 항상 끝은
안 좋더군요.

To be or not to be,
That is the Question.

하웅

엔씨소프트

손절.

앗! 손절!

439,500원 X 12주 = 5,274,000원

손실 269,500원

알에스오토메이션

전액 시가 매입.

18,850원 X 280주 = 5,278,000원
매수 완료.

알에스오토메이션은?
로봇모션 제어 및 에너지 제어 장치 제조 · 판매 업체.
주요 제품은 로봇모션 제어기 및 드라이브, ESS용 PCS, 태양광용 PCS. Power Stack, UPS 상품 등.

• 주요주주 : 강덕현 외 40.78%

제가 너무 급했나 봅니다.

인터플렉스 하락이 너무 크네요.

현재 41,750원

1주 46,650원에 매수했으니까
1주당 4,900원 손실 중.

기다렸다가 지금 샀어야 했는데
아쉬워요.

시장의 루머가 사실이 아니라서
급하게 사버린 게…
분할로 나눠서 샀어야 했는데…

할당된 600만원을 60억원 운영하듯
해야 했는데 반성 중입니다.

팔까요?

아닙니다.

밀고 가겠습니다.

자기 스타일대로 해주세요.
ㅎㅎ

25
뉴스를 과신 말고 기사는 진실을 읽어라

신문을 여러 개 보면

신문마다 기사 사이즈가 다르고,
내용도 다르고, 어떤 신문은 이 기사를 다뤘는데
다른 신문은 취급하지도 않은 경우가 있다.

방송도 보도의 내용과 경중의 정도가
다른 경우가 많다.

몇 년 전에 만화에 대해 난 기사를 봤는데
사실과 다른 부분이 있었다.

이렇듯 뉴스에는 우리가
감지할 수 없는 부분이 있다.

기사와 뉴스에서 진실을 찾아내야 한다.

흐름에 맞서는 용기도 필요하다

늦었다 싶을 때 다시 한 번 돌아보자

장세가 과열되어 있을 때는
대세를 타는 주식이 큰 이익을 준다.

흐
름
에

맞
서
는

용
기
도

필
요
하
다

하지만 적당한 때를 놓치면 꼭짓점에서 사게 될 수 있다.
상투를 잡고 좋아했다가는 큰 손해를 볼 수 있다.

이미 늦었다 싶을 때 얼른 손절을 하고
주위를 살펴보라.

분명히 실적에 비해 주가가 낮은
주식이 있게 마련이다.

흐름에 맞서는 용기도 필요하다

과열 장세에서 오를 대로 오른 주식보다
앞으로 뛰어오를 주식을 찾는 것이 훨씬 알차다.

종목 매매 들어갑니다.
12월 26일(화) ~ 12월 28일(목)

2017년 마지막 주입니다.
목요일까지만 장이 서고 4일간 휴식입니다.

12월 26일 매매 없음.

12월 27일(수)

하웅

매매 가능하세요? 11:38

가능!

잠시 보류입니다. 11:49

다시 연락합니다.

???

알에스오토메이션 12:31

140주 매도.

23,900원 X 140주 = 3,346,000원
매도 완료.

280주 보유주 중 140주 매도.

와! 수익이 707,000원!

연말에 한 건 해줘서 고마워요!

그런데 전부 매도 안 한 이유는
더 오를 수 있다?

오후 장을 더 보고 매도 또는
보유를 결정할게요.

나머지 모두 매도!　14:37

조금 올랐어요.

23,910원 X 140주 = 3,347,400원
매도 완료.

와! 714,000원 수익!

알에스오토메이션
8일 만에 1,421,000원 수익!

대박!

하웅 씨도 알에스오토메이션
매매했어요?

예.

수익은?

ㅎㅎㅎㅎㅎㅎㅎ

ㅎㅎㅎㅎㅎㅎㅎ

12월 28일(목)

 하웅

매매 가능하세요?

언제든지.

에코프로

50주 매수.

39,400원 X 50주 = 1,970,000원
매수 완료.

한국전자금융

180주 매수.

12,300원 X 180주 = 2,214,000원
매수 완료.

신라젠

나머지 금액 올인!

올해 코스닥에서
셀트리온과 함께
맹활약했던 신라젠!

88,900원 X 28주 = 2,489,200원
매수 완료.

와~ 신라젠 무섭게 상승 중!

신라젠 주가가 장 시작 때 84,700원으로
시작했다가 93,500원으로 마감했다.
조금씩 조금씩 올라가는 차트를 보며
흥분해서 짜릿짜릿한 전율을 느꼈다.

하루 동안 10%가 왔다 갔다 했다.

에코프로는?

온실가스 저감 시스템 등의 환경오염 방지 관련 소재/설비사업 등의 업체.

양극화 물질 등 2차전지 사업을 분할하여 에코프로비엠을 신규 설립한 뒤 종속회사로 보유 중.

필터 프레임 및 양극 소재용 리튬 사업을 영위하는 에코프로이노베이션을 종속회사로 보유.

- 최대주주 : 이동채 외 18.24%

한국전자금융은?

한국신용정보(NICE) 그룹 계열의 금융자동화기기 관리 서비스 업체.

ATM 관련 사업(금융기관의 CD/ATM 관리 아웃소싱), CD VAN 사업(고객들에게 현금인출 · 계좌조회 · 계좌이체 서비스 등을 제공), 현금 물류사업(현금 처리와 관련된 제반업무 대행) 등을 영위.

무인 주차장 사업 진행 중. 가맹점 네트워크 사업 추진 중.

- 최대주주 : (주)NICE홀딩스 외 46.99%

신라젠은?

차세대 항암치료제 연구개발 · 제조 업체. 암세포를 선택적으로 감염 및 사멸시키고 면역기능 활성화를 통해 면역세포가 암세포를 공격할 수 있도록 설계된 유전자 재조합 항암바이러스에 기반한 차세대 항암치료제의 연구 및 개발 등이 주요 사업.

2015년 4월 미국 FDA로부터 펙사벡(Pexa-Vec)에 대해 간암 환자를 대상으로 하는 글로벌 임상 3상 시험의 허가를 받은 뒤 진행 중.

- 최대주주 : 문은상 외 14.03%

오늘 매매 정말 재미있었어요.

하웅 씨는 이런 스릴을
매일 느낄 것 아니오?

그래서 항상 머리가 아파요.

올해 주식 마감됐네요. 15:31

아, 그렇네.

작년만 해도 주식 장 마감
이런 거 남의 일이었는데
올해는 연말이 남달라요.

올해 하웅 씨 성적은?

500%입니다.

와앗!

내년에는 《3천만원》에서도
분발하겠습니다.

고마워요.

한국전자금융

자회사 나이스핀링크와의 합병 이슈.
단기 대응.

에코프로

내년 2차전지 성장 지속 전망.
중기 대응.

신라젠

코스닥 바이오 상승의 최선봉주.
셀트리온의 코스피 이동으로 코스닥 2등주.
펙사벡 이슈 내년 가속화. 중단기 대응.

흐름에 맞서는 용기도 필요하다

월간 누적 수익률 (12월 1일 ~ 12월 28일)

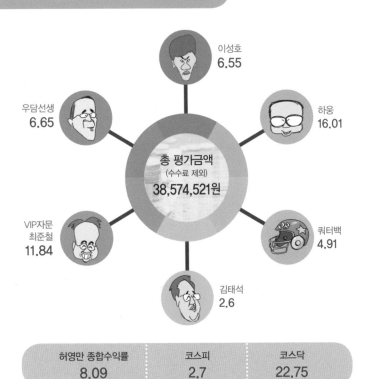

이성호
6.55

하웅
16.01

우담선생
6.65

총 평가금액
(수수료 제외)
38,574,521원

VIP자문
최준철
11.84

쿼터백
4.91

김태석
2.6

허영만 종합수익률	코스피	코스닥
8.09	2.7	22.75

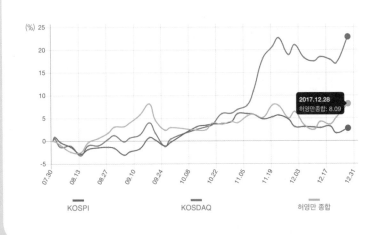

2017.12.28
허영만종합: 8.09

KOSPI   KOSDAQ   허영만 종합

3장

분산투자가 답이다

26
계란을 한 바구니에 담지 마라

유명한 주식투자 격언이다.
주식은 여러 종류의 계란으로 비유된다.

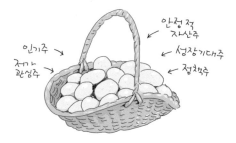

움직임이나 패턴이 제각각이다.
주가가 같을 수가 없다.

한두 종목에 집중해서 적중했을 때는 대박이다.

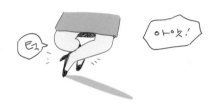

적중하지 않았을 때는 파산이다.

전부 얻으려다 전부 잃는다.

그래서 나눠서 분산시켜야 한다.

선택한 계란이 전부 다 좋을 수는 없다.
썩은 것도 있고 싱싱한 것도 있다.

계란 여러 개 중 썩은 것이 몇 개 있어도
싱싱한 계란이 있으니까 큰 타격을 받지 않는다.

한 번에 팔자 고칠 생각하면 안 된다.
얘기했듯 인생은 피니시 라인이 없는 마라톤이다.

큰 것 노리다가 쪽박 차느니 몇 번에 나눠
조금씩 수익을 내다 보면 얼마 지나지 않아
뿌듯할 만큼의 수익이 나 있을 것이다.
몰빵 투자보다 분산투자가 답이다.

자문위원 김태석 씨는 이런 말을 한 적이 있다.

대량거래 지속은 천정의 징조

로프 운동

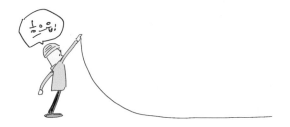

팔을 올렸다가 밑으로 확 뿌리면
로프의 여유가 둥글게 퍼져나가면서
파장이 생긴다.

지속적으로 위아래 운동을 하면
파장이 계속된다.

그러나 운동을 멈추면
맨 앞의 파장부터 소멸한다.

뒤따라가던 파장이 어리둥절하지만
이미 게임 아웃이다.

맨 앞의 ①번 파장이 주식시장의
큰손이나 전문 투자가들이다.
이들은 바닥권이나 시세의 초기 단계에
주식을 매수해서 시장을 키워놨다가
그걸 보고 몰려드는 ②번, ③번
일반 투자자들이 매입에 열중할 때
보유 주식을 사정없이 내다 판다.

전문가의 바통을 아마추어가 물려받는 시점에
종합 주가는 계속 올라 천정을 치지만
부실주가 천정부지로 오르는 동안에
먼저 오른 우량주는 시세가 끝나고
하락세로 들어간다.

3
천
만
원

분
산
투
자
가

답
이
다

종목 매매 들어갑니다.
2018년 1월 2일(화) ~ 1월 5일(금)

1월 2일(화)

 하웅

신라젠

매도.

98,300원 X 28주 = 2,752,400원

수익 263,200원

한국전자금융 11:25

추가 매수.

12,600원 X 150주 = 1,890,000원

한국전자금융 14:05

전부 매도.

앗! 다급한 상황!

12,650원 X 330주 = 4,174,500원

손실 70,500원

3 천만원

1월 3일(수)

하웅

셀트리온제약

전부 매수.

67,600원 X 74주 = 5,002,400원

자문단 모두 개점휴업인데
하웅 씨 혼자 고군분투해주시네요.
고마워요. 흑…

〈셀트리온제약〉

셀트리온제약은 우리가 작년 10월 30일에 31,150원에 팔았는데 지금은 66,800원! 두 달 만에 두 배 이상 올랐어요!

셀트리온도 두 배.

코스닥 주도주답게 널뛰고 있어요.

에코프로 12:10

매도 후 셀트리온제약 추가 매수.

에코프로

38,750원 X 50주 = 1,937,500원 매도 완료.

손실 32,500원

12:30 셀트리온제약

67,800원 X 28주 = 1,898,400원 매수 완료.

총 102주 보유.

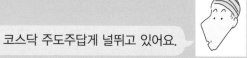

셀트리온제약 13:51

전량 매도.

앗!

분위기가 이상해요.

갑작스런 바이오주 투매.

일단 손절.

셀트리온제약
65,700원 X 102주 = 6,701,400원
매도 완료.

손실 199,400원

ㅎㅎ 호날두가
골문 앞에서 헛발질!

포스코켐텍 14:28

80주 매수.

포스코켐텍
39,550원 X 80주 = 3,164,000원
매수 완료.

차바이오텍
나머지 모두 매수.

차바이오텍
30,500원 X 113주 = 3,446,500원
매수 완료.

저는 당분간 기업의 가치, 내용과 상관없이
오로지 수급에 의한 단기 매매를 하겠음.
자문단 중 이런 유형도 있어야 독자들도
여러 가지 매매를 볼 수 있을 것임.
당분간 초단타 들어가겠음!

좋아요! 오늘 여섯 번 매매가
박진감 있었어요.

내일 왕 기대.

셀트리온제약은?

정제, 경질 캡슐제, 연질 캡슐제, 주사제 등의 제
품을 생산 · 판매하는 의약품 제조업체.
바이오시밀러의 국내 유통 · 판매 사업 영위. 셀
트리온이 생산하는 바이오시밀러 국내 판권 보
유. 주력 제품은 고덱스캡슐(간질환 치료용제),
타미풀(자양강장제), 소멕스정(순환기용제) 등.

• 최대주주 : (주)셀트리온 외 56.14%

포스코켐텍은?

포스코 계열의 내화물 제조에서 시공까지 일관 체제를 갖춘 종합로재 전문업체.
제강작업에 필요한 내화물 제조 정비사업(내화물 제조 및 산업용로재 정비)과 라임케미칼 산업(생석회, 음극재, 화성품 판매 및 화성 공장 위탁 운영)을 영위.
케미칼 산업인 침상코크스, 피치코크스, 2차 전지 음극재 부분의 사업 진행 중.

• 최대주주 : (주)포스코 외 65.00%

차바이오텍은?

바이오 사업(MSO[병원 경원 지원]), 제대혈 보관 사업, 세포치료제 사업을 주로 하는 업체. 국내 배아줄기세포 선두기업으로 기존 배아줄기세포 중심의 R&D뿐 아니라 '차움'으로 대표되는 헬스케어 사업 진행 중.
코스닥 상장사 CMG제약(구 스카이뉴팜)을 계열사로 보유.

• 최대주주 : 최광열 외 26.03%

1월 4일(목)

 하웅

포스코켐텍

전량 매도.

포스코켐텍
39,200원 X 80주 = 3,136,000원
매도 완료.

손실 28,000원

차바이오텍

나머지 금액 매수.

차바이오텍
29,900원 X 106주 = 3,169,400원
매수 완료.

토탈 219주 보유.

1월 5일(금)

 하웅

차바이오텍　13:03

옙!

매도! 빨리! 빨리!

32,400원에 매도!

33,300원에 매도.　13:08

32,800원에 매도.　13:09

그냥 절반 매도.

13:14 32,800원 X 110주 = 3,608,000원

나머지 33,950원에 매도. 13:15

13:19 33,950원 X 109주 = 3,700,550원
매도 완료.

아침에 매수가랑 차이가 안 나서
손절하나 싶었는데 하웅 씨 타짜네.

수익 692,650원 만세!

드디어 600만원이 730여만원으로!

전업투자자의 조건

새해 첫 이슈입니다.

싱글 투자자와 부양 가족이 있는 투자자의
투자 자금은 어느 정도여야 할지,
개인 사무실이 좋은지, 그룹 사무실에
들어가는 것이 좋은지 등 의견을 주세요.

우담선생

1) 전업투자자의 정의 :
주식투자가 직업인 사람을 말합니다.
경제활동을 하는 모든 사람은
근로의 대가로 월급 등 소득이
생기는 것을 전제로 활동합니다.
따라서 전업투자자는 주식투자의 결과로
월소득 또는 연소득이 보장되어야 합니다.

2) 전업투자자의 조건 :
법에 명시되었거나 명문화된 것은 아니지만
시장에서 살아남을 수 있는 '수익 나는 모형'을
갖추어야 합니다. 단기 · 장기 · 가치주 · 성장주
투자에 관계없이 시장에서 오래 버티고
돈을 벌려면 '수익 나는 모형'을 갖는 것이
제일 중요합니다.

3) 전업투자자의 투자금
　– 싱글 : 투자 원금에 관계없이 빠른 시간 내에
안정된 수익을 내는 투자 방법을 "자기것 화"
해야 합니다.

　– 가정이 있는 투자자 : 능력에 맞는
월 수익률 대비 투자 원금이 있어야 합니다.
1~2년은 생활비 걱정을 하지 않을 정도의
여유가 있어야 합니다.

4) 주식투자 30년이 넘은 우담선생의
전업투자에 대한 생각 :
주식투자는 매우 어렵습니다.

전업투자는 부업 삼아 하는 주식투자보다
열 배는 어렵지요. 꼭 해야겠다면
《실전 투자의 정석》을 최소 다섯 번 읽어보고
하기 바랍니다.

흐흐흐, 자신의 책을
광고하시네요.

이성호

전업투자자의 조건이 따로 있는 것
같지는 않습니다. 많은 노력을 해야 하고
거의 목숨을 걸 만큼의 각오가 되어 있지
않으면 섣불리 하지 않았으면 합니다.

제가 본 성공 투자자의 경우
보통 종잣돈 1,000만원 내외의 자금으로
성공하는 걸 많이 봤습니다.
그러나 보통 여러 번 깡통 계좌를 경험하고
전 재산을 탕진한 뒤 종잣돈을 다시 모아
시작한 것이 1,000만원일 뿐,
그 전에 큰돈을 날린 분도 많습니다.

이론상 본인만의 수익 모델이
월 30% 가능하고 생활비가 200만원 정도
든다고 할 때 투자 자금은 1,000만원 이상이면
가능할 겁니다.

전업투자자라면 자기 성향에 맞는
원칙을 만들어야 하므로
처음에 지식이 없을 때는 책도 읽고
커뮤니티 같은 데서 도움 되는 지식도 얻고
나머지는 스스로 공부해서
만들어가야 합니다.
그러므로 혼자만의 공간이 좋습니다.

전업투자자의 성공 조건은
"자신만의 원칙을 만들고 그것을 지키는 것",
이것뿐입니다.

우담선생, 이성호 씨 고맙습니다.

좀 더 깊이 들어갔으면 하는
아쉬움은 있습니다.

전업투자자는 곁다리로 하는
취미 같은 것이 아니지 않습니까.
치열한 승부사인 것을 감안하면
무사가 매일 매 시 칼끝을 상대랑
겨누고 있는 것 아닌가요?
상대를 치지 않으면 내 팔이 잘려나갈 수
있다는 초긴장 상태 말입니다.

만화가도 마찬가지입니다.
좁은 만화계에서 다른 작가들
위에 서려면 대충 했겠습니까?

저는 정말 치열하게 창작 활동을 했다고 자부합니다. 여러분도 마찬가지겠죠.

무사가 눈 내리는 날 결투를 할 때 적을 향해 겨누고 있는 칼 잔등에 눈이 쌓일 정도로 부동의 자세에서 이기느냐 쓰러지느냐의 절박함. 이것을 여러분은 수도 없이 느꼈을 것 아닙니까? 우리 그런 걸 얘기합시다.

지난번 《허영만의 3천만원 ①》 단행본 출간 기자간담회 때 이런 질문을 받았습니다. "주식투자 하는 사람들의 수익은 불로소득 아닌가요?" 제가 답했습니다. 기자님은 얼마나 일하고 급료를 받는다고 생각하느냐. 그 사람들 그렇지 않다. 공부 무지 많이 하고 기업 탐방하고 세계시장 살피느라 잠도 못 자고 신경을 바늘 끝처럼 세우면서 승부하는데 그렇게 말하지 마라. 주식투자도 당당한 직업이다. 나는 주식투자가 선망의 직업이 되길 바란다.

만화도 예전에는 깜깜한 그늘에 묻혀서 문화의 일부분으로 대접받지 못했던 때가 있었습니다. 그런데 경제의 한 축을 담당하고 있는 투자자들이 이런 비아냥을 들으면 되겠습니까?

아… 술 한잔 하고 너무 말이 많았습니다. 하고 싶은 말씀 속 시원히 해주세요.

VIP자문
최준철

저는 전업투자자가 아닌데
어떡하죠?

김태석

최 대표도 전업투자자 맞아요.

전업(專業) :
전문으로 하는 직업이나 사업.

사실 전문투자자라고 하는 게
더 맞는 표현일 듯…

부업으로 주식투자를 할 때는
좋은 아이디어가 있을 때만 투자해도 되고
설사 마이너스 수익이 나더라도
별도의 근로소득으로 메꿔서
다시 시작할 수 있습니다.

하지만 전업으로 하게 되면
자산의 손실을 최대한 방어해야 하며
지속적인 수익 창출과
높은 정확도를 위해서는 끊임없는
아이디어 탐색 과정이 필요합니다.

저는 고객의 자산을 맡아 운용하니까
개인 전업투자자와 입장이 다를 수 있겠지만
투자를 통해 수익률을 내고자 하는
목표가 같으므로 가장 당부드리고 싶은 건
투자에 불로소득은 있을 수 없다는 점입니다.
투자라는 것이 묻어놓고 논다고 생각하는
분들이 많은데 실은 수면 아래 백조의
물갈퀴질과 같습니다.

특히나 저는 가치투자자로서 기업 하나하나를
심도 깊게 분석하는 과정을 거치므로
매일 복사지 반 통 분량의 기업 관련 자료를 읽고
회사를 방문하여 대화를 나누고
저희 애널리스트들과 토론을 벌입니다.
공부하는 양과 강도로 보면 매일매일을
고3처럼 살고 있는 셈입니다.
물론 결과에 따른 스트레스도 감내해야 합니다.

주식공부를 즐길 수 있다면 주식투자는
재미있는 지적 유희의 과정이 됩니다.
자신의 아이디어가 맞아떨어져서
그에 따른 보상을 받고 주식이란 매개를 통해
기업의 성장과 함께하며 장기적인 배당과
시세 차익을 누릴 수 있다는 것은
자본주의 체제가 주는 큰 선물입니다.

다만 그만한 열정과 능력이 따라주지 못한다면
(더불어 투자에 대한 건전한 생각마저 없다면)
세상에서 가장 빨리 돈을 잃을 수 있는
무서운 게임이 되고 맙니다.

전업투자자의 조건은 먼저 주식투자에 대한
자신의 철학과 생각이 어느 정도는
정립되어 있어야 합니다.
초기 투자자금으로 딱히 얼마가 적당하다고
얘기하기는 어렵지만 생활 자금과 복리 수익으로
계좌가 불어날 정도는 되어야 합니다.
사람마다 타고난 기질과 능력이 다르지만
보편적으로 보면 상식과 주식투자에 대한
올바른 자세가 가장 중요합니다.

다른 분들과 달리 저는 직장을 다닐 때보다
전업투자가 훨씬 힘이 덜 듭니다.
좋아하는 일을 하면서 수익이 생기니까
힘들다는 느낌이 별로 없었고, 실제로도
직장 다닐 때보다 일을 1/3 정도도
안 하는 거 같습니다.
제 주위의 전업투자가들도 1년에 상당 기간을
가족들과 여행을 다니면서 시간적으로 꽤
여유롭게 보내고 있습니다.

사실 최근 1~2년의 고민은 좀 다른 데
있습니다. 웬만큼 자산을 모았는데
뭔가 조금 재미가 없습니다.
좀 더 의미 있고 재미있는 것을 하고 싶다는
생각이 자꾸 듭니다만 아직 못 찾고 있습니다.

전업투자자가 되려는 분들은
수익을 내는 것도 좋지만
정말 내가 좋아하고 하고 싶은
일인가에 대한 고민이 많아야겠습니다.

3
천
만
원

하웅

세상 모든 일들이 그러하겠지만
특히 주식은 매일매일 수익과
손실의 연속입니다.
덕분에 스트레스가 더욱 큽니다.
그래서 제일 중요한 것이 일하면서
평정심을 유지하는 것입니다.

운영 자금은 금액이 중요하기보다
같은 금액으로 1년 이상 유지해야 하고요.
그 후 수익이 나면 조금씩 올려서
운영하는 게 좋습니다.
주식도 다른 일과 마찬가지로
꾸준한 수익이 나려면 항상 종목에 대한 분석과
큰 틀에서 지금 시장의 관심과 사랑을 받는
종목이 무엇인지 끊임없이 발굴하는
노력이 필요합니다.

한 가지 더.
전업으로 성공한 사람들의 말을
참고하는 것도 좋지만
나만의 투자 원칙과 투자 계획을
세우는 것이 우선되어야 합니다.

쿼터백
자산운용

Rules-based investment를 추구하는
쿼터백의 투자 철학을 고려해 말씀드리자면
'원칙에 입각한 투자'가 전업투자자에게
으뜸가는 덕목이라 봅니다.

1) 현실적 목표수익률 정의 :
본인이 달성하고자 하는 연간 목표 수익률을
현실적으로 정하는 것이 전업투자 시
가장 먼저 해야 할 일입니다.
대부분의 선진국 잠재 경제 성장률이
연간 5% 이하이며
우리나라 역시 마찬가지인 상황에서
저위험의 10~20% 기대수익률 자산은
매우 찾기 어렵습니다.
본인만의 목표 수익률을 정하게 되면
투자 가능 자산군의 범위를
명확히 알 수 있습니다.

2) 기대수익과 위험이 비례함을 명확히 인지 :
이른바 높은 수익률을 기대하는 자산은
그만큼 손실이 클 수 있다는 것을
기억해야 합니다. 가상화폐의 놀라운
가격 상승 이후에 나타난 급락 사례들이
좋은 예입니다.

3) 분산투자 :
계란을 한 바구니에 담지 말라는 것 이상의
투자 격언은 없다고 해도 과언이 아닙니다.
고위험 자산군부터 원금이 보장되는 저위험
자산군까지 고른 분산투자를 통하여
전체 투자 자산의 변동성을 관리해야
전업 투자 과정에서 정신 건강을 해치지
않습니다.

4) 투자 원칙 정립과 준수 :
투자 대상 선정, 매수, 이익 실현, 손절 등의
핵심 투자 절차마다 합리적으로 검증된
자신만의 원칙을 글로 적어두고 이를
지켜야 합니다. 투자 원칙은 필요 시 얼마든지
더 나은 방법으로 개선될 수 있으며 이를 위한
공부를 게을리하지 말아야 합니다.
이러한 규칙 없이 투자를 한다면
바닥에서 매도하고 천정에서 사는
전형적인 실수를 범할 가능성이 높습니다.

개인마다 투자에 대한 성향과 방식은
다르겠으나 매 순간 급변하는
다양한 자산의 주가를 들여다보지
않더라도 실행 가능한 본인만의 원칙을
잘 만들고 이를 철저히 지킨다면
전업투자가 가능하다고 봅니다.

세계 NO.1 전업투자가
워런 버핏의 투자 원칙입니다.
① 절대 돈을 잃지 않는다.
② 원칙 ① 을 꼭 지킨다.
간단하지만 강력합니다.

여러분, 의견 고맙습니다.
전업투자를 염두에 두고 계신 분들이
많은 도움 받으셨을 겁니다.
2월 중순에는 투자 때 혼나셨던
얘기 듣고 싶습니다. ㅎㅎㅎ

27
대세는 길고 시세는 짧다

주식시장에서 장기간에 걸쳐
큰 시세가 나오는 경우
모든 종목이 함께 상승하지 않는다.

먼저 우량주 ①이 오르고
다음에 보통주 ②, 마지막에
부실 저가주 ③이 오른다.

종합주가는 계속 오르고
부실 주가가 꼭대기까지 오르는 동안
먼저 오른 우량주는 이미 시세가 끝나고
하락세로 들어간다.

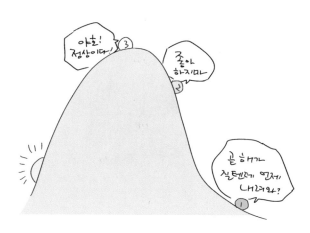

대중을 멀리하라

얼음낚시 계절이다.

얼음낚시는 다른 낚시보다
얼음을 잘 살펴야 한다.

특히 해빙기가 가까워지면
확인하고 또 확인해야 한다.

3
천
만
원

대중은 진리보다 착각을 사랑한다.
몰려다니므로 사물을 깊게 보지 않는다.

분
산
투
자
가

답
이
다

당신이 얕은 사고방식,
표면적인 사고방식을 가졌다면
주식시장에서 성공하기 어렵다.

재료나 정보에 얽매이면
실패하기 십상이다.

정보의 진실 여부를 판단할 수 있는
능력이 필요하다.

분산투자가 답이다

주식투자에서 성공하려면 대중을 멀리하라.

종목 매매 들어갑니다.
1월 8일(월) ~ 1월 12일(금)

1월 8일(월)

 하웅

오스코텍 11:39

200주 매수.

오스코텍
17,500원 X 200주 = 3,500,000원
매수 완료.

오스코텍 매도. 13:28

체결됐나요?

아직…

빨리빨리! 계속 떨어져요!

오스코텍
16,950원 X 200주 = 3,390,000원
매도 완료.

손실 110,000원

오스코텍은?

골다공증과 관절염·치주질환 등과 관련된 천연물 신약 물질을 개발하는 바이오 업체. 신약 개발 사업(합성신약, 천연물 의약품), 기능성 소재 및 관련 제품 사업, 치과용 뼈 이식재 사업 등을 영위. 치주질환 및 골다공증, 관절염 치료제 등의 국내 특허 보유.

• 최대주주 : 김정근 외 19.83%

알에스오토메이션

150주 매수.

28,250원 X 150주 = 4,237,500원
매수 완료.

인피니트헬스케어

나머지 금액 매수.

옙!

취소.

오스코텍

나머지 금액 매수.

취소.

앗!

알에스오토메이션

나머지 모두 매수.

알에스오토메이션
28,650원 X 103주 = 2,950,950원
매수 완료.

1월 9일(화)

하웅

알에스오토메이션 10:13

153주 매도.

29,300원 X 153주 = 4,482,900원
매도 완료.

알에스오토메이션 13:18

나머지 매도.

28,050원 X 100주 = 2,805,000원
매도 완료.

> 햐아~ 조금 전보다
> 1,250원 빠졌네요.

기관이 팔았습니다.

포스코켐텍

80주 매수.

빨리! 빨리!

> 40,038원 X 80주 = 3,203,040원
> 매수 완료.

1월 10일(수)

이성호

영인프런티어

5,090원 300만원 매수.

> 영인프런티어
> 5,090원 X 590주 = 3,003,100원
> 전량 매수 체결.

주문 속도가 아직 상용화도 안 된
5G 수준임.

하웅

OCI

나머지 금액 전부 매수.

179,500원 X 22주 = 3,949,000원
매수 완료.

OCI 15:36

시간 외 종가 매도.

186,000원 X 22주 = 4,092,000원
매도 완료.

수익 143,000원

OCI는?

화합물 제조 및 폴리실리콘 주도기업.
태양전지 및 반도체 웨이퍼의 핵심 소재로 사용되는 초고순도 폴리실리콘의 원천기술을 보유한 세계적으로 몇 안 되는 기업. 베이직케미칼 사업 부문, 카본케미칼 사업 부문, 에너지솔루션 사업 부문 등을 영위.
OCI 기업 집단에는 동사를 비롯해 유가증권 시장의 유니드, 삼광글라스, 유니온, 쌍용머티리얼, 코스닥의 이테크건설 등이 있음.

- 최대주주 : 이수영 외 28.78%
- 주요주주 : 국민연금공단 8.22%

1월 11일(목)

이성호

셀루메드

10,000원에 300만원 매수.

10,000원 X 300주 = 3,000,000원
매수 완료.

셀루메드는?

의료기기 제조업체. 2010년 2월 코리아 본뱅크
(현 셀루메드)가 우회 상장함에 따라 변경 상장된
업체.
의료기기(동종이식재, 수술용고정체, 인공관절,
BIOLOGICS, Spine 등) 사업과 바이오시밀러 사
업 등을 영위. 신규 사업으로 피부 노화방지 화
장품 개발 중.

· 최대주주 : 심영복 2.4%

하웅

매수 가능 금액이 얼마죠?

4,280,000원입니다.

용평리조트 200주 매수.

11,450원 X 200주 = 2,290,000원
매수 완료.

나머지 금액.

셀트리온헬스케어 매수.

121,000원 X 16주 = 1,936,000원
매수 완료.

용평리조트 매도.

11,150원 X 200주 = 2,230,000원

손실 60,000원

용평리조트는?

리조트 운영 및 분양 사업체. 숙박 시설을 중심으로 스키장, 골프장, 워터파크, 야외 레포츠 부대시설을 운영. 분양사업은 콘도와 골프, 강원도 용평리조트를 운영 중이며 (주)비체팰리스, (주)해피마루, (주)피크아일랜드를 보유.

- 최대주주 : 세계기독교통일신령협회유지
재단 외 51.73%

셀트리온헬스케어 추가 매수.

121,900원 X 18주 = 2,194,200원
매수 완료.

1월 12일(금)

하웅

셀트리온헬스케어 09:09

전량 138,500원에 매도 주문.

138,500원 X 34주
매도 주문 완료.

취소. 09:14

주문 취소 완료.

141,400원에 매도. 09:17

141,400원 X 34주 = 4,807,600원
매도 완료.

138,500원에 매도하려 했다가
순간적으로 취소 후 재매도를 시도하여
141,400원에 매도했다.
290,000원의 차액이 수입으로 합쳐졌다.
셀트리온헬스케어로 총 수익 677,400원!

하웅 씨는 수익이 35%에 육박하고 있다.
원금 600만원에서
이제 800만원이 넘어선 것이다.

한미사이언스 11:08

전액 매수.

118,000원 X 40주 = 4,720,000원
매수 완료.

한미사이언스

전량 매도.

115,500원 X 40주 = 4,620,000원
매도 완료.

ㅎㅎ 33분 만에
손실 100,000원

한미사이언스는?

상장법인인 한미약품(주), (주)제이브이엠, 비상장법인인 온라인팜(주), (주)에르무르스, 일본한미약품(주) 등의 자회사 보유. 사업 회사에 대한 경영지원과 특허권 및 상표권에 대한 로열티 등이 주요 수익원.

• 최대주주 : 임성기 외 66.31%

영진약품

매수.

10,600원 X 376주 = 3,985,600원
매수 완료.

잔액 확인.

잔액 793,029원

영진약품

매도.

10,300원 X 376주 = 3,872,800원
손실 112,800원

영진약품은?

KT&G 계열 제약업체. 항생제, 순환기계 · 정신
신경계 치료제, 수액제, 경장영양제, 호흡기관
용제, 자양강장제(구론산바몬드 · 제스 등) 등을
판매.

· 최대주주 : KT&G 52.45%

연초에 수급에 대한 단기매매의
초단타를 보여주겠다고
공언한 하웅 씨는
연일 뜨거운 매매를 계속하고 있다.
수익은 계속 상승 중!

이성호

셀루메드

전량 시장가 매도 주문.

9,800원 X 300주 = 2,940,000원
매도 완료.

손실 60,000원

9,800원이요?

9,900~9,950원에
매도 체결시키려고 한 건데,
시장가 매도 주문을 했나 봐요.

앗!

영인프런티어　10:26

5,100원 매수 잔량
전체 매수 주문.

5,100원 X 622주 = 3,172,200원
매수 완료.

영인프런티어 10:36

5,790원 전량 매도 주문.

5,790원 X1,212주
매도 주문 완료.

5,290원으로 매도 정정
주문해주세요. 11:09

시장가 정정 주문해주세요. 11:12

5,290원 X 1,212주 = 6,411,480원
매도 완료.

수익 236,180원

아~ 밥 먹다 체할 뻔했어요.

중소형주는 역시 한 번 삐죽하게 오르고
제자리로 잘 돌아가네요.

좀 대형주를 사야
밥 편히 먹겠어요. ㅎㅎ

ㅎㅎ 급할 것 없어요~

영인프런티어는?

바이오사업(항체 개발 및 생산과 판매, 항체신약 개발 등)과 과학기기 사업(생명공학 관련 과학기기 및 소모품 공급)을 하는 업체. 총매출 대부분을 차지하는 과학기기 사업은 Thermo Fisher, Resteck 등의 글로벌 다국적 기업 제품을 국내에 공급. 실험기기 전문업체인 영인과학을 관계사로 보유.

• 최대주주 : 이지민 외 32.60%

팜스웰바이오

6,980원에 300만원 매수.

6,980원 X 422주 매수 완료.

팜스웰바이오는?

의약품 원료의 제조 및 판매 업체. 타미플루의 주원료인 인산 오셀타미비르를 생산하는 중간체에 대해 국제특허출원 경험 있음. 경유 등 유류 판매 사업도 영위.

• 최대주주 : (주)디올제약 외 7.42%

SKC코오롱PI

200만원 매수.

나머지는 에코프로 매수.

SKC코오롱PI
44,800원 X 44주 = 1,971,200원
매수 완료.

에코프로
40,500원 X 62주 = 2,511,000원
매수 완료.

SKC코오롱PI는?

SKC와 코오롱인더스트리가 합작해서 설립한 폴리미드 필름 제조업체. 연성 회로 기판용 PI 필름을 주력으로 FPCB 업체 등에 납품. 아울러 방열 시트 용도, 일반 산업 용도, 스퍼터링 (Sputtering) 용도 등 경쟁사 대비 다양한 제품군 보유 · 생산 중.

- 최대주주 : SKC(주) 27.03%,
　　　　　코오롱인더스트리(주) 27.03%

**쿼터백
자산운용**

· TIGER 일본 TOPIX (합성H) 26주 매도.
· TIGER 유로스탁스50 (합성H) 28주 매도.
· KODEX 200 7주 매도.

· TIGER S&P500선물 (H) 20주 매수.
· 삼성 인도 Nifty50 선물 ETN (H) 7주 매수.
· 미래에셋 호주 ASX200 ETN (H) 25주 매수.

어서오세요. 오랜만입니다.

TIGER 일본 TOPIX (합성H)
15,820원 X 26주 = 411,320원
매도 완료.

TIGER 유로스탁스50 (합성H)
11,840원 X 28주 = 331,520원
매도 완료.

KODEX 200
33,150원 X 7주 = 232,050원
매도 완료.

TIGER S&P500선물 (H)
32,655원 X 20주
매수 완료.

삼성 인도 Nifty50 선물 ETN (H)
11,540원 X 7주
매수 완료.

미래에셋 호주 ASX200 ETN (H)
11,470원 X 25주
매수 완료.

〈추신〉
1월 14일(일)

하웅

코스닥 시장의 역사적인 상승 사이클에
진입한 것으로 판단됨.

상대적으로 코스피의 대형주 매도 자금이
코스닥의 바이오, 전기차 위주로 재편되는
현상이 급하게 나타나고 있음.

셀트리온 3인방의 시가 총액이
하이닉스를 앞질러
삼성전자 다음으로 국내 2위.
셀트리온이 다음 달 초 코스피로
이동하여도 하이닉스 다음으로 3위.
바이오주의 상승 대세가 맞지만
단기 과열이라 판단됨.

하지만 구경만 하고 있지 않겠음.
저번 주 바이오 단기 매매
모두 매도하였으니
전기차 60% 이상 편입 유지하면서
바이오 조정 시 재매수하여
매매 이어가겠음.

기대 기대 기대.

28
두 갈래 길을 만나거든 두 군데 모두 간다

3
천
만
원

분산투자를 하라고 귀에 딱지가 앉을 정도로 들었어도
순간 잊어버리고 몰빵을 한다.

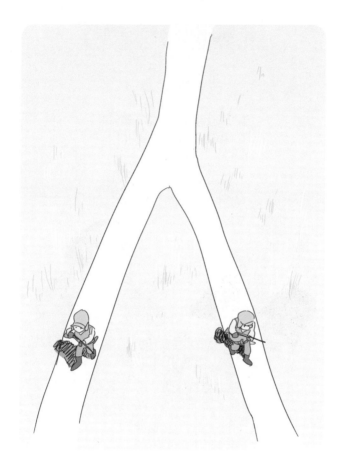

주식시장은 주도주나 인기주가
수시로 바뀌기 때문에
한쪽으로 치우치면
'모' 아니면 '도'가 될 수 있다.
위험하다.

서두르는 거지는 얻는 것도 적다

주식시장은 홍수지대의 물처럼
루머와 정보가 넘쳐난다.

주식투자로 성공하려면 넘쳐나는 정보,
루머를 선별할 줄 알아야 한다.

분 산 투 자 가 답 이 다

들어가고 나가는 타이밍을 놓치지 말아야 한다.

둘의 패보다 내 패가 좋았다 하더라도
이미 끝난 판이다.

빨리 잊어라. 다음 판이 있다.

루머에 휩쓸려 선봉으로 달려들어
총알받이가 되거나
뒤늦게 뛰어들어 진창에 빠지지 말자.

인생은 타이밍이 매우 중요하다.
주식투자 역시 마찬가지다.

서두르는 거지는 얻는 것도 적다고 했다.

종목 매매 들어갑니다.
1월 15일(월) ~ 1월 19일(금)

1월 15일(월)

하웅

SKC코오롱PI

매도.

매도 후 에코프로 추가 매수.

또, 하웅 씨.

연일 매매
매우 땡큐. ♡

SKC코오롱PI
44,700원 X 44주 = 1,966,800원
매도 완료.

손실 4,400원

에코프로
40,200원 X 49주 = 1,969,800원
매수 완료.

에코프로 총 보유주 111주.

이성호

팜스웰바이오

전량 7,140원 매도 주문.

정정, 7,040원

정정, 전량 시장가 매도 주문.

아… 아… 아…

팜스웰바이오
6,853원 X 430주 = 2,946,790원
매도 완료.

손실 54,610원

1월 16일(화)

하웅

포스코켐텍

매도.

포스코켐텍
48,150원 X 80주 = 3,852,000원
매도 완료.

수익 648,960원

에코프로

매도.

에코프로
43,100원 X 111주 = 4,784,100원
매도 완료.

수익 303,300원입니다.

잔고 알려주세요.

8,771,525원입니다.

230,000원만 채우면
50% 수익!

내일 도전!

파이팅팅팅!

1월 17일 매매 없음.

그러나 오늘은 하웅 씨의 매매가 없었다.
사무실 이전한다던데 그것 때문일까?

1월 18일 매매 없음.

하웅 씨 인천 사무실
오픈식에 다녀왔다.
어제와 오늘 매매가 없는 이유는
사무실 이사 때문이었다.

1월 19일(목)

VIP자문
최준철

경동나비엔

57,500원 전량 매도.

앗!
어서 오세요.

장기적인 투자아이디어는
여전히 유효한데 성장 기대감을
상당 부분 선반영했고 무엇보다
사고 싶은 다른 종목이 있어서
현금 확보 차원에서 매도합니다.

《3천만원》 만화 시작하고서
전량 매도는 처음이네요.

57,500원 X 14주 = 805,000원
매도 완료.

수익 326,900원

최대표님 감사합니다.

그리고 복기 차원에서
경동나비엔 투자 건과
관련해 한 말씀 드리겠습니다.

가치투자 전략상
타임아비트라지(time arbitrage)에
해당하는 사례입니다.

국내 1위 보일러 업체이면서 콘덴싱 기술을
바탕으로 미국과 중국 수출 전망이 좋다는 건
익히 알려진 사실이었지만, 성장을 위해
비용을 쓰며 단기이익이 훼손되자
기다리기 싫은 투자자들이 실망하며 떠나
저희에게 기회가 왔습니다.

단기 악화를 장기 전망으로 치환하며
장기투자의 이점을 살린 투자라
타임아비트라지로 부른 것입니다.

결국 실적이 회복되며 본래 가졌던 장점이
시장의 조명을 받자 단기에 급등했습니다.
지금 주가면 미래의 기대감을 어느 정도
반영했다고 봤습니다.

경동나비엔 투자의 시작과 끝을 놓고 보면
비관론자에게 사서 낙관론자에게 판 셈입니다.
이게 바로 가치투자의 돈 버는 원리입니다.

근데 비관론자로부터 사려면
공부를 많이 해야 합니다.
용기도 있어야 하고요.
남이 사는 것을(낙관론에 동참) 따라 사긴
쉬워도 남이 안 좋다고 파는 것을 사긴
어려운 법이기에 공부와 훈련이 필요합니다.

그렇군요. 명심하겠습니다.

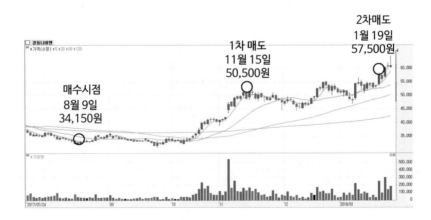

미국 증시의 변동과 우리 증시의 관계

〈다우지수 1월 31일자〉

하웅 씨가 이런 의견을
주셨습니다.

하웅

미 증시의 급격한 상승 피로감이 오고 있습니다.
전전일(1월 30일)의 미 증시 하락은
바로 연이은 하락의 신호탄이 될 가능성이
엿보입니다. 그동안 급등 후 조정 시
첫 하락 포인트를 많이 봐왔는데요,
엊그제가 그날 같아 보입니다.

자문위원 여러분의
시황 진단을 듣고 싶습니다.
독자들에게 많은 도움이
될 것입니다.

이성호

3
천
만
원

단기적 조정을 하고 있는 것으로 보입니다.
장기적 상승추세는 아직 유효해 보입니다.
조정장이고 급등한 종목들이 많다 보니
시장이 자주 출렁입니다.
현재 단기적 급등 상태인 것이
가장 큰 심리적 악재입니다.
기간 조정과 가격 조정이 적절하게 이루어지고
단기 바닥 확인한 후 진입하면 좋을 것 같습니다.

우담선생

〈시장 상황〉
미국시장 : 트럼프 당선 이후 경기부양책으로
　　　　　 다우 · 나스닥 큰 폭으로 상승,

상승피로감 누적, 3월 금리 인상 유력,
미 국채 수익률 급등. 이익 실현 욕구 강함,
추가 조정 가능성 있습니다.

한국증시 :
미국시장과 연동성이 매우 큽니다.
외국인, 기관 코스피 대규모 매도세.
코스피 대장주 삼성전자 1분기 실적 전망
불투명으로 매도 물량 출회가 지수 하락.
코스닥은 제약 바이오와 2차전지 섹터에서
단기간에 너무 상승했습니다.

대응 방안 :
낙폭이 클 때 일주일 정도만 피하면
다시 적극적으로 매수할 기회입니다.
전통적으로 2월 장은 탐색하는 기간이므로
현금 보유자는 3월 중순 이후
본격 상승 구간에서 주도주 역할을 할
종목에 주목해야 합니다.

주식은 많이 올라가면 리스크가 크고
많이 하락하면 오히려 좋은 주식을
싸게 매수할 수 있는 기회를
제공해주는 것입니다.

다음은 자문을 자주 해주시는
애널리스트의 의견입니다.

분
산
투
자
가

답
이
다

미국 증시 상황이
중요한 국면으로 판단되어
전일 동향 및 시장 전망을
간단히 정리해보겠습니다.

Market Review

▫ 미 세제개편 수혜가 부각되며 통신 섹터 강세,
유가 반등으로 에너지 섹터 상승.

– 주요 기업들의 실적 발표가
시장 기대치에 부합하며 상승세를 보였으나
시중금리 급등으로 상승 폭 반납.

– ECB 양적 완화 중단 이슈가 불거지면서
그간 Key level을 넘나들던
미 국채 수익률이 전일도 7bp 급등.
ECB 주요 인사는 양적 완화를 조기에
종료해야 한다는 발언을 통해
주요 유로존 국채 수익률을 급등을 야기했고,
이로 인해 미 국채 수익률도 2.79%까지
상승하며 2.8%를 목전에 두게 됨.

– 다만 달러는 금리 상승에도 하락세를 유지.
유로존의 긴축 모멘텀이
더욱 강하게 작용한 결과.

– 국제유가는 달러 약세에 힘입은 측면과
견조한 OPEC의 감산 진행률에 힘입어
65달러 선을 회복.

– 중국 환경 규제 이슈가 지속적으로 부각되며
납을 비롯한 주요 비철금속 가격이 최고치 경신.

□ 금리 인상에 대한 우려 확산. 그러나
　과도한 경계는 지양할 필요.

– 최근 금리 인상의 상당 부분은
　기대 인플레이션의 상승을 반영.
　다만 생각보다 빠른 인플레이션 회복 속도로
　인해 주요 중앙은행이 긴축의 속도가
　빨라질 수 있다는 우려 높음.

– 그러나 2월 FOMC를 비롯 주요 중앙은행의
　스텐스는 경기 회복을 확인 후 인상하는
　'비하인드 더 커브(behind the curve)' 전략을
　고수 중. 즉 기존 입장인 '완만한 인상'은
　아직 유효한 상태.

– 여전히

　1) 달러 약세가 유지되고 있고

　2) 주요 투기등급 채권의 스프레드 역시
　　낮은 상태이며

　3) 이머징 국가의 국채 가격이 상승 중임을
　　감안할 때 시중 유동성의 위험 선호는
　　여전히 높은 것으로 평가 가능.

쿼터백
자산운용

최근 몇 거래일 동안 발생했던
일시적인 하락 조정에도 불구하고
쿼터백 내부의 주식시장과
관련된 다양한 시그널들은
시장의 향후 전망을 여전히 긍정적으로
분석하고 있습니다.

기본적으로 쿼터백은 특정 이벤트를
사전에 예측하려 하기보다는
데이터를 통해 시장의 움직임에
대응하는 구조로 운용하고 있습니다.

이와 같은 관점에서 주요 시그널을 살펴보면

1) 펀더멘탈 관련 신호인 경기 모멘텀이
   긍정적으로 유지되고 있는 가운데

2) 글로벌 주식시장의 이익 관련 지표도
   연초 이후 지속적으로 우상향하며
   견고한 펀더멘탈을 시사하고 있습니다.

3) 또한 글로벌 주식시장을 구성하고 있는
   모든 국가들의 가격지표를 활용한
   추세 측정 신호 역시 일시적인 조정에도
   불구하고 여전히 긍정적인 신호가
   훼손되지 않은 까닭에 아직까지
   추세 전환 및 가격 조정에 대한 불안감을
   지나치게 가지시지는 않아도 된다고
   분석됩니다.

시장의 조정을 견인하지 않을까 하는
불안 요인들은 2016년 이후 현재까지
랠리 기간 중에 끊임없이 제기되어왔으나
결국은 추세가 변하지 않았습니다.
본격적인 추세 전환 및
펀더멘탈 훼손을 확인하고
대응해도 늦지 않다는 판단입니다.

김태석

저는 시장 전망보다는 종목에 집중하려고
노력하는 편이지만 여전히 10년 전 금융위기의
트라우마가 남아 있어서인지 항상 겁이 납니다.

미국 증시의 큰 폭 조정은 언제 와도
이상하지 않을 만큼 미 증시가
고평가 상태인 건 맞는 것 같습니다.
한국 증시는 대외 변수에
상당히 취약한 구조이고,
미국 증시의 큰 폭 하락은
최근 늦게서야 크게 상승한 한국 증시에
큰 영향을 미칠 것입니다.

최근 증권사마다 대출자금이 바닥났다는
뉴스는 역시나 욕심의 끝에 항상 큰 위험이
도사리고 있다는 것을 암시합니다.

늦게 자문단에 합류해서
경쟁 심리로 욕심을 부린 걸
정리하기도 전에
더 큰 민폐를 끼칠 것 같아
조심스럽습니다.

2월 3일 토요일 13시쯤
하웅 씨의 카톡이 왔다.

1월 31일 하웅 씨의 다우지수 경고에
이어 2월 3일 다우지수가 급락했다.

말씀드린 바와 같이
진짜 급락했습니다.

으아앗!

29
도미 사러 가서 정어리 사지 마라

대부분의 투자자들은 나름대로
충분히 분석한 뒤 매매에 들어간다.
그러나 마음을 바꿔 종목을
바꾸는 경우가 많다.

주식시장의 루머나 정보는
신빙성이 없는 경우가 많다.
이미 시간이 많이 지난 것이어서
쉰 냄새가 나는 것들이 많다.

루머가 너무 신빙성이 높으면
작전주일 수도 있다.

종목의 장점만 들리면 경계해야 한다.

루머와 정보는 참고용이지
투자의 결정적 조건은 아니다.

분산투자가 답이다

독립적으로 사고하라

독립적으로 사고하라.
데이트레이더들이
반드시 명심해야 할 투자 격언이다.

259

분산투자가 답이다

남의 훈수를 듣고 실패하면 도움이 안 된다.

3
천
만
원

혼자 결정하고 실패하면 공부가 된다.

데이트레이딩은 특성상
많은 거래를 하기 때문에
성공과 실패를 밥 먹듯 한다.

끌려다니면 안 된다.
혼자 생각하고 혼자 결정하라.
이것은 긴 투자 인생의 완성을 위한 지름길이다.

지나간 매매 실패를 후회하는 시간이 길다면
분초를 다투는 데이트레이딩 전쟁터에서 이길 수 없다.

종목 매매 들어갑니다.
1월 22일(월) ~ 1월 26일(금)

1월 22일(월)

 이성호

IHQ 08:54

시초가 2,665원 300만원 매수 주문.

09:03 2,665원 X 1,125주 = 2,998,125원 매수 주문 완료.

09:07 매수 완료.

 하웅

OCI

25주 매수.

OCI
169,000원 X 25주 = 4,225,000원
매수 완료.

나머지 에코프로 매수.

에코프로는 12일, 15일, 16일 매매하고서
또 다시 매수하네요.

에코프로
41,277원 X 110주 = 4,540,470원
매수 완료.

1월 23일(화)

 하웅

OCI 매도.

OCI
165,500원 X 25주 = 4,137,500원
매도 완료.

손실 87,500원

포스코켐텍 10:45

나머지 매수.

10:47 포스코켐텍

49,300원 X 82주 = 4,042,600원
매수 완료.

둘 다 매도. 13:35

포스코켐텍
48,900원 X 82주 = 4,009,800원
매도 완료.

손실 32,800원

에코프로
41,850원 X 110주 = 4,603,500원
매도 완료.

수익 63,030원

일진다이아 13:47

170주 매수.

네.

취소. 13:48

네.

일진다이아 14:11

전체 매수.

> 일진다이아
> 26,979원 X 316주 = 8,525,364원
> 매수 완료.

일진다이아 14:28

156주 28,900원
매도 주문.

> 28,900원 X 156주
> 매도 주문 완료.

정정. 14:31

28,700원

> 넵.
> 정정 완료.

매도 주문 취소.

> 넵. 취소.

일진다이아는?
일진그룹 계열로 공업용 합성 다이아몬드를 제
조, 판매하는 업체. 주요 제품은 다이아몬드 그
릿(Grit), 정밀소재, 텅스텐 카바이드(Tungsten
Carbide) 소재 등.

• 최대주주 : 일진홀딩스(주) 외 67.62%

IHQ는?

국내 톱스타들이 포진된 엔터테인먼트 사업본부. 싸이더스HQ를 비롯해 드라마, 음반, 공연, 영화 제작 등 엔터테인먼트 사업 전반에 걸쳐 영향력을 미치고 있는 종합 엔터테인먼트 그룹.
유료방송, 프로그램 공급, 광고 대행 등 미디어 사업도 영위하고 있으며 Comedy TV, Dramax, K STAR, Life N, CUBE TV, AXN 등의 채널 운영.
주요 계열사로 상장사 (주)큐브엔터테인먼트를 비롯해 (주)뉴에이블, (주)아이에이치큐 프로덕션 등이 있다.

· 최대주주 : (주)딜라이브 외 51.01%

바쁘시네요. ㅎㅎ

급등주 들어가서 머리 아픔. ㅎㅎ 14:56

그냥 홀딩.

팔지 마세요.

넵.

일진다이아 14:57

116주 28,950원 매도 주문.

28,950원 X 116주
매도 주문 완료.

매도 주문 취소. 15:29

넵.
취소 완료.

상한가! 15:31

29,100원까지 올랐어요!

매도할까요?

NO!

ㅎㅎ 상한가는 처음이네.

역시 선수!

1,000만원을 향하여 GO! GO!

하웅 씨는 현재 수익금이
3,340,272원이어서
보유 총액 9,340,272원으로
수익률 56%를 기록 중이다.

1월 24일(수)

하웅

일진다이아 08:52

206주 32,400원
매도 주문.

> 주문 완료.

매도 취소. 09:37

> 취소 완료.

우담선생

프로스테믹스

300만원 9,310원 매수.

프로스테믹스 : 줄기세포 치료제 개발사업
기술적 분석 : 완만한 우상향

> 프로스테믹스
> 9,310원 X 322주
> 매수 완료.

프로스테믹스는?

기업 인수 목적회사(SPAC) 케이비제3호스팩이 줄기세포 치료제 연구개발업체 프로스테믹스를 흡수 합병함에 따라 변경 상장된 업체. 줄기세포 배양액 화장품 AAPE 시리즈, AOOA(아오아) 등을 판매.

• 최대주주 : (주)리더스코스메틱 외 41.74%

1월 25일(목)

하웅

일진다이아　08:54

166주 매도 주문.

일진다이아
30,300원 X 166주 = 5,029,800원
매도 완료.

일진다이아　11:16

나머지 매도.

일진다이아
30,900원 X 150주 = 4,635,000원
매도 완료.

총 평가금액 알려주세요.

9,664,800원입니다.

335,200원만 보태면
10,000,000원 고지 정복! 고! 고!

삼천당제약 11:54

전부 매수.

34,800원 X 278주 = 9,674,400원
매수 완료.

삼천당제약 12:05

36,700원 매도.

36,700원 X 278주
매도 주문 완료.

삼천당제약 12:40

시가 매도.

34,383원 X 278주 = 9,558,474원
매도 완료.

손실 115,926원

> 아~ 손실! 1천만원 고지 정복은 미뤄지고 말았다!

삼천당제약은?
항생제(크라목스·파클 등), 소화기질환 치료제 (라니티딘·모푸레 등), 순환기질환 치료제(아토로 우·지텐션 등) 등 처방 의약품 전문 중소형 제 약업체.
점안제 및 안과 용제 제조 전문기업. 디에이치 피코리아 등 종속회사로 보유.
· 최대주주 : (주)소화 외 38.2%

1월 26일(금)

하웅

> 셀트리온헬스케어 08:56

> 40주 매수.

09:04
> 116,500원 X 40주 = 4,660,000원 매수 완료.

> 매도해주세요. 09:19

> 잘못 봤네.

09:20
> 115,000원 X 40주 = 4,600,000원 매도 완료.

차바이오텍 09:56

150주 매수.

09:58 차바이오텍

39,735 X 150주 = 5,960,250원
매수 완료.

 차바이오텍 11:22

전부 매수.

11:25 41,900 X 83주 = 3,477,700원
매수 완료.

차바이오텍

두 번 샀는데 토탈 평균가는?

40,506원입니다.

차바이오텍 14:34

매도.

차바이오텍

41,002원 X 233주 = 9,553,466원
매도 완료.

수익 115,516원

일진다이아

31,900원 150주 매수.

31,900원 X 150주 = 4,785,000원
매수 완료.

나머지 유니크 매수.

8,516원 X 556주 = 4,734,896원
매수 완료.

이성호

IHQ

전량 2,940원
매도 주문.

2,940원 X 1,125주
매도 주문 완료.

정정

2,890원
매도 주문.

IHQ
2,890원 X 1,125주 = 3,251,250원
매도 완료.

수익 253,125원 ♬ ♪

유니크는?

자동차 부품 제조 · 판매업체. 자동차용 시계류,
시가라이터류, 유압 솔레노이드 밸브류, 센서류,
인디케이터류, 차량용 USB 충전기 등을 생산.
주요 매출처로 현대차, 기아차 등.

・최대주주 : 안영구 외 37.90%

30
참새는 매의 밥

우리나라에는 참새가 참 많았다.
시골을 가면 떼로 몰려다녔다.

어릴 적 필자도 마당에 바구니를 장치해놓고
참새를 잡으려고 했을 정도로
참새가 많았다. (실패했지만)

그렇게 많던 참새가 요즘은 부쩍 줄었다.

3 천만원

급격히 변한 환경에 적응 못해서 그렇다.
초가집에서 시멘트 집으로 변해
참새가 집을 지을 수 없어서 그렇다.
농약에 오염된 곡식을 먹은 것도 이유다.

또 하나가 있다.
시골에 많이 있던 탱자나무 담이
시멘트 벽돌담으로 변하면서
천적인 매로부터 몸을 감출 수가 없었다.

주식시장의 성패는 틀린 정보에
귀 기울이지 말고 올바른 정보를
남들보다 빨리 얻는 것이다.

정보에 약한 투자자가 참새라면
정보에 빠른 투자자가 매다.

3 천만원

참새는 항상 매를 경계해야 한다.

분산투자가 답이다

돌이 뜨고 나뭇잎이 가라앉는다

우량주가 부진하고 소외주가
크게 움직일 때를 비유한 말이다.

주가는 회사의 내용이
좋은 순서대로 움직이지 않는다

실적이 좋지 않아도 인기가 있으면 움직인다.
남자들이 보기에 별 신통한 것 없는
김 상병에게 매주 다른 아가씨들이 면회를 온다.
인기가 있는 것이다.

이유인즉 김 상병의 무기는 친절이었다.
외모가 변변치 않은 만큼
친절로 아가씨들을 감동시킨 것이다.

실적 좋은 우량주가 안전한 주식이 아니다.
우량주도 갑자기 실적이 나빠질 수 있다.

주식은 매우 짧은 시간에 인기 따라 움직인다.

종목 매매 들어갑니다.
1월 29일(월) ~ 2월 2일(금)

1월 29일(월)

 이성호

아래 주문을 정규장(9시)
시작 전에 주문 넣어주세요.

엠케이전자

12,100원 150만원
매수 주문.

엘오티베큠

16,100원 150만원
매수 주문.

넵.

엠케이전자
12,100원 X 123주
매수 주문 완료.

엘오티베큠
16,100원 X 93주
매수 주문 완료.

정정

엠케이전자

전량 12,000원

엘오티베큠

전량 15,950원

엘오티베큠
15,950원 X 93주
매수 주문 완료.

엠케이전자
12,100원 X 123주 = 1,488,300원
매수 완료.

정정

엘오티베큠 16,050원

엘오티베큠
16,050원 X 93주 = 1,492,650원
매수 체결 완료.

 하웅

일진다이아   08:57

매도.

일진다이아
32,150원 X 150주 = 4,822,500원
매도 완료.

수익 37,500원

유니크　10:01

매도.

유니크
8,660원 X 556주 = 4,814,960원
매도 완료.

수익 80,064원

녹십자랩셀　11:11

전체 매수.

녹십자랩셀
65,200원 X 147주 = 9,584,400원
매수 완료.

녹십자랩셀　12:42

71,400원 매도.

녹십자랩셀
71,400원 X 147주
매도 주문 완료.

정정 13:04

69,400원

69,800원 X 147주 = 10,260,600원
매도 완료.

우와!! 1시간 57분 만에!

수익 676,200원

총 평가금액 알려주세요.

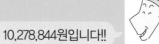

10,278,844원입니다!!

지난 8월에 600만원으로 시작했는데
1천만원이 넘었어요!! 브라보!!

차바이오텍

150주 매수.

차바이오텍
41,300원 X 150주 = 6,195,000원
매수 완료.

나머지 셀트리온제약 매수.

셀트리온제약
99,000원 X 40주 = 3,960,000원
매수 완료.

차바이오텍

시간 외 종가 매도.

매도 주문 완료.

취소

시간 외 단일가.

40,300원 매도.

40,300원 X 150주
시간 외 단일가.
매도 주문 완료.

40,450원 X 150주 = 6,067,500원
매도 완료.

손실 127,500원

엠케이전자는?

반도체 패키지의 핵심 부품인 본딩 와이어 및 솔더볼 등을 생산하는 업체. 주요 제품은 골드 본딩 와이어, 골드 스퍼터링 타깃, 골드 에바 포레이트 머티리얼, 솔더볼 등 2차전지 사업을 신규 사업으로 추진 중에 있으며 2010년 8월 동사가 참여하는 '고에너지 2차전지용 전극 소재' 컨소시엄이 지식경제부의 '세계시장 선점 10대 핵심소재 사업' 국책 과제로 선정되어 개발에 참여.

• 최대주주 : (주)오션비홀딩스 외 30.41%

엘오티베큠은?

반도체, 디스플레이(LCD, OLED), 태양광 셀 제조, 핵융합 등에 사용되는 Fore Vacuum용 건식진공펌프 생산·판매 업체.

• 최대주주 : 오흥식 외 29.86%

녹십자랩셀은?

녹십자 그룹 계열의 바이오 업체. NK면역세포치료제를 연구 개발하는 것을 주요 사업으로 영위하고 있으며 검체검사 서비스 사업과 제대혈은행사업, 바이오 물류 사업도 영위.

• 최대주주 : 녹십자 외 54.12%

3 천만원

1월 30일(화)

이성호

엠케이전자 10:26

13,500원 전량 매도.

정정

12,500원

12,550원 X 123주 = 1,543,650원
매도 완료.

수익 55,350원

엠케이전자 14:42

12,250원 300만원 매수.

엑! 4시간 20분 정도 전에
매도했는데 곧바로 매수?

엠케이전자
12,250원 X 244주 = 2,989,000원
매수 완료.

하웅

셀트리온제약

10주 매수.

셀트리온제약
99,800원 X 10주 = 998,000원
매수 완료.

이성호 씨, 엠케이전자는 매도 뒤
곧바로 매수하는 이유가 있나요?

이성호

실적 시즌에는 기본적 분석도 어느 정도
참고하면서 종목을 고르는데요.
조금 길게 가져가려고 고른 종목이었으나
오늘 더 오르기는 힘들 것 같아 보여서
고점 부근 판단돼 본능적으로 매도했어요.

그래도 조금 기다려보려고 고른 종목이고
오늘 하락은 거의 멈춘 듯해서
다시 매수한 겁니다.
그렇지만 내일 매수한 가격 위로 오를 것
같지 않으면 바로 매도할 겁니다.
마이너스 상태를 참지 못해서요.

1월 31일(수)

이성호

엘오티베큠

전량 15,800원 매도 주문.

엘오티베큠
15,800원 X 93주
매도 주문 완료.

정정.

15,200원

15,200원×93주
매도 주문 완료.

15,200원 X 93주 = 1,413,600
매도 완료.

손실 79,050원

하웅

삼성바이오로직스

432,000원 나머지 매수.

삼성바이오로직스
432,000원 X 11주 = 4,752,000원
매수 완료.

셀트리온제약

매도.

셀트리온제약
97,500원 X 50주 = 4,875,000원
매도 완료.

손실 83,000원

3 천 만 원

삼성전자 액면분할 50분의 1로 인해
지수 왜곡 현상으로 바이오주 폭락.
전 종목에 악영향.

삼성바이오로직스

2주 더 매수.

삼성바이오로직스
434,000원 X 2주 = 868,000원
매수 완료.

매수 가능 금액은?

4,375,209원입니다.

SKC코오롱PI

44,100원 나머지 다 매수.

SKC코오롱PI
43,850원 X 99주 = 4,341,150원
매수 완료.

분산투자가 답이다

1월 31일 다우지수.

상승추세 하락의 신호탄일 가능성 농후.

단기 조정이 아니라 추세하락.

폭락의 전조라 판단.
당분간 자제하겠음.

앗! 조심해야 할 순간이군요.

하웅 씨, 이 상황을 자세히
설명해줄 수 있나요?

미국 증권시장의 급격한
상승 피로감이 오고 있습니다.

전전일의 미 증시 하락은 바로 연이은
하락의 신호탄이 될 가능성이 많아 보입니다.

그동안 급등 후 조정 시 첫 하락 포인트를
많이 봐왔는데요, 엊그제가 그날 같아 보이네요.

느낌이지 이론상으로는
설명이 불가능합니다.

아~ 느낌이 중요하겠죠.
이 느낌이 맞아떨어지면
존경하는 독자들이
매우 많아질 겁니다.

미국 증시 상황을 애널리스트에게 물었다.

미국 증시가 조정을 보이면서 본격적으로
글로벌 증시 전반에 대한 경계 심리가
확산되고 있다. 주식시장만 놓고 보면
그동안의 상승 폭을 감안할 때 10% 수준의
조정은 건전한(?) 조정이라 볼 수 있다.

다만, 현시점에서 경계심을 드러내는
전문가들이 가장 주목하는 변수는
바로 미국의 국채 금리 상승이다.
간단히 말하면
금리 상승 = 주식시장에 부정적 이슈로
해석되기 때문이다.

2008년 금융위기 이후 10년간
하락세를 보이던 금리가
미국의 경기 회복과 정책금리 인상에 힘입어
최근 가파르게 상승하고 있다.
기준이 되는 것은 미국 10년물 국채 금리인데
전일 2.74%로 마감하며
상승 폭이 가팔라지고 있다.

과거 추세로 볼 때 채권 전문가들이
주식시장에 본격적인 조정이 나타날 수 있다고
보는 10년물 국채 금리는 3% 수준이다.
현 수준 2.74%를 감안하면 아직은 여유가 있지만
경계심을 갖기에는 충분한 상황이다.

결론적으로

1) 현시점에서 본격적인 주식시장 하락 전환을
논하기에는 너무 이르다.

2) 가장 중요한 변수는 미국 국채 금리
추가상승 여부다.

3) 그동안의 상승폭을 감안해볼 때
현 수준의 조정은 감내할 수 있는 수준이지만
추가적인 금리 상승이 진행될 경우
글로벌 주식시장에 상당히 큰 충격이 올
가능성을 배제할 수는 없다.

4) 위 내용들을 감안할 때 리스크 관리를 위해
재매수를 하더라도 일정 수준 현금을 확보해
선제적인 위험관리를 할 필요가 있다.
(시장 안정을 확인하고 조금 비싸게 다시 매수하는
것도 하나의 전략.)

2월 1일(목)

천만원

 하웅

SKC코오롱PI

매도.

SKC코오롱PI
42,900원 X 99주 = 4,247,100원
매도 완료.

손실 94,050원

 삼성바이오로직스

매도.

434,000원 X 13주 = 5,642,000원
매도 완료.

수익 22,000원

에이티넘인베스트 10:02

모두 매수.

에이티넘인베스트
6,010원 X 1,639주 = 9,850,390원
매수 완료.

에이티넘인베스트 11:21

639주 매도.

6,410원 X 639주 = 4,095,990원
매도 완료.

500주 매도.   11:31

6,620원 X 500주 = 3,310,000원
매도 완료.

나머지 매도.   11:37

6,880원 X 500주 = 3,440,000원
매도 완료.

에이티넘인베스트
총 1,639주 매도 완료.

1시간 30분 만에
수익 995,600원!

총 평가금액 10,798,258원!!
수익률 80%

에이티넘인베스트는?
창업 지원, 투자기업의 성장 지원과 국제화 지원 등의 업무를 하는 창업투자 회사.
• 최대주주 : (주)에이티넘파트너스 32.44%

2월 2일(금)

이성호

사조대림

25,700원 300만원 매수.

사조대림
25,700원 X 117주 = 3,006,900원
매수 완료.

사조대림

25,750원

매매 가능 수량 전체 매수.

아, 사조에 베팅입니까?
파이팅!

사조대림
25,750원 X 21주 = 540,750원
추가 매수 완료.

분산투자가 답이다

실적 시즌이라 실적 좋은 주를
좀 가지고 갈까 해서요.

두 종목 매매 끝내면 좀 고점에 있는
종목을 해볼까 생각 중.

하웅 씨 실적 반만큼만 내는 게 목표.

하웅 씨는 널뛰기 하는 중이라…
정말 대단하다는 말밖에 할 수 없어요.

하웅

텍셀네트컴 11:34

300주 매수.

텍셀네트컴
24,000원 X 300주 = 7,200,000원
매수 완료.

오늘 더블스코어 가는 겁니까?

힘들 것 같아요.
장이 안 좋아서요.

텍셀네트컴 13:39

매도.

매수 2시간 만에 매도.

텍셀네트컴
23,650원 X 300주 = 7,095,000원
매도 완료.

손실 105,000원

사조대림은?

사조그룹 계열사로 식품 제조(어묵 · 맛살 · 햄 · 소세지 등), 수산업(대구 · 참치 · 명태 등의 원양어업), 도소매업(OEM · 명태 · 대구 · 연육 등), 양돈 등 영위업체. (주)사조 오양에서 생산하는 제품의 국내 판매 대행.

• 최대주주 : 사조산업 외 79.46%

텍셀네트컴은?

전기/전자/통신 분야의 주요 부품인 릴레이를 개발 · 생산하는 전자 부품 사업과 정보기술 컨설팅/네트워크 구축/유지보수 등의 솔루션을 제공하는 정보통신 사업체.
(주)세종저축은행, 조선 자동화 설비업체 한중선박기계(주) 등을 종속회사로 보유.

• 최대주주 : 유준원 외 29.92%

1월 31일 하웅 씨의
다우지수 경고에 이어
2월 3일 다우지수가 급락했다.

하웅 씨는 족집게!!

다우지수의 폭락은 위급한 상황이라서
곧바로 만화에 올렸고,
정상적인 매매 상황은 2주 후 만화로 연재해서
그때의 상황이 재현된다.

다우지수 폭락 직후 애널리스트의 조언

미국시장 하락 여파로 한국과 아시아 시장이 큰 폭으로 하락하고 있습니다.

이 정도 수준은 주말 동안 감내할 생각들을 가지고 있을 테니 관건은 추가하락 여부를 판단하는 것입니다.

핵심변수는 2.8%를 상회한 미국 10년물 국채 금리 추가상승 여부입니다.

단언하기는 어렵지만 2.8% 수준이면 그동안 금리 상승 우려로 이탈하던 미국 국채 투자자금이 충분히 투자 매력을 가질 수 있는 수준으로 볼 수도 있습니다.

더불어 연준위원들이 금리 속도에 대해서도 시장이 안정을 찾을 수 있는 발언들을 내놓을 수 있다는 점을 감안해볼 때 선제적으로 현금을 확보하지 못한 경우 현수준에서는 추격매도보다는 시장 상황을 좀 더 지켜보는 것이 바람직해 보입니다.

303

분산투자가 답이다

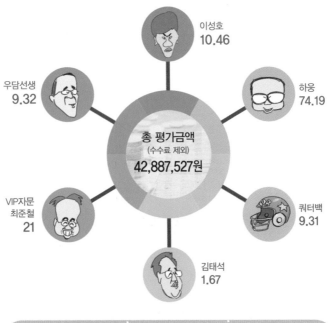

월간 누적 수익률 (1월 1일 ～ 1월 31일)

이성호
10.46

하웅
74.19

우담선생
9.32

총 평가금액
(수수료 제외)
42,887,527원

쿼터백
9.31

VIP자문
최준철
21

김태석
1.67

허영만 종합수익률	코스피	코스닥
20.99	6.82	40.45

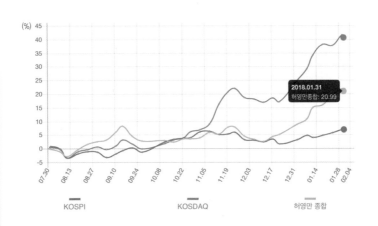

2018.01.31
허영만종합: 20.99

KOSPI   KOSDAQ   허영만 종합

부록

자문단의 종목 선택 노하우

―――

비트코인, 너는 누구냐?

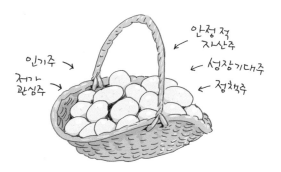

안정적
자산주

← 성장기대주

← 정책주

인기주
저가
관심주

자문단의 종목 선택 노하우

하웅

종목 선정은 장기 투자 종목과 중·단기 투자 종목에 따라 다릅니다.

장기 투자 종목

1. 현재 시장의 주도주
2. 상장 후 최고가를 돌파한 종목 혹은 52주 신고가 종목
3. 항시 거래대금 상위 100위권 유지 종목
4. 52주 신저가이거나 거래 대금·거래량이 미비한 종목은 매수 금지

중·단기 투자 종목

1. 당일 거래대금 상위 30위 이상 종목
2. 현 시장의 이슈나 재료 보유 종목
   (예: 셀트리온 3월 8일 코스피 200 편입 → 추종자금 유입 기대)

3. 당일 장 개시 후 시작 가격이 저가권인 종목

4. 오후 장에 금일 최고가를 돌파한 종목

5. 장 후반에는 당일 상승률 상위 20위권 종목

VIP자문 최준철

개인투자자에게 추천할 종목 발굴 방법은 크게 두 가지입니다.

첫째, 투자 종목 아이디어를 숫자로 검증하는 방법입니다.

예컨대 잘 팔리는 A음료를 만드는 회사를 눈여겨봤다면 먼저 재무제표를 살펴본 다음 실제 매출이 이익으로 실현되고 있는지 확인합니다. 자신이 잘 아는 분야에서 출발하면 정확도가 높습니다. 만약 의료 업종에 종사하고 있다면 그 업계에서 평판이 좋은 회사부터 검토를 시작하고, 자녀를 가진 학부모라면 요즘 인기 있는 학습 서비스부터 살펴보는 방식입니다. 피터 린치가 설파한 방법으로 알려져 있습니다.

둘째, 반대로 숫자를 본 뒤 그 이면에 있는 원인을 찾아내는 방법입니다.

영업이익률, 자기자본이익률(ROE)처럼 높을수록 좋은 숫자도 있고, 매출액이나 순이익처럼 우상향할수록 좋은 숫자가 있습니다. 이렇게 눈에 띄는 숫자를 보이는 기업을 선별하여 그 원인을 파악해가는 방식입니다. 예컨대 B기업의 영업이익률이 높다면 어떤 제품을 만들기에 높은지, 앞뒤로 맞춰보는 겁니다. 네이버증권, 아이투자, 전자공시 등의 사이트에서 관련 숫자들을 확인할 수 있습니다.

주식투자는 9시부터 3시 30분까지 닭을 빈번히 사고파는 게임이 아닙니다. 알을 많이 낳을 만한 닭을 알아보는 게임입니다. 기업 가치에 집중하는 투자를 하시길 진심으로 바랍니다.

쿼터백은 국내(KOSPI, KOSDAQ) 상장 주식이 아닌 미국 ETP(Exchange Traded Product)에 상장된 주식에 투자하고 있습니다. 즉, 개별종목의 매매를 통해 수익을 내는 것이 아니라 글로벌 국가와 전 세계에 자산을 분산 투자하는 EMP(ETF Managed Portfolio) 방식이라는 점을 미리 말씀드립니다.

종목 선정 노하우

1) 글로벌 자산배분 포트폴리오 구성에 적합한 국가와 자산군 선별 방법 :

투자를 결정할 때 사람들이 고려하는 펀더멘탈(경기, 기업 이익 등)과 함께 심리적 요소(가격지표의 기술적 흐름, 투자심리) 등 다양한 요소를 시스템에 반영하여 종목을 선별합니다.

투자자가 직접 모든 지표와 데이터를 분석하기란 사실상 불가능하지만, 적어도 특정 국가나 자산군에 투자하고자 할 때 몇 가지는 필수적으로 확인해야 합니다. 예를 들면 '해당 국가의 경제지표가 악화되고 있는지', '해당 국가의 주식시장을 구성하고 있는 기업들의 이익이 어떻게 변하고 있는지', '최근 주식의 가격 흐름은 어떠한지' 등입니다. 이런 기본적인 것들을 확인하고 걸러내는 것만으로도 실패의 위험을 크게 낮출 수 있을 것입니다.

2) 해당 자산을 추종하는 다양한 ETF 종목들을 걸러내는 기준 :

투자를 희망하는 국가 혹은 자산을 추종하는 ETF 종목들의 규모와 추적 오차, 그리고 거래량이나 비용 등을 종합적으로 비교하다 보면 가장 적합한 종목을 찾아낼 수 있습니다.

대부분의 투자 실패는 정보가 부족하거나 몰라서라기보다 막연한 공포나 과도한 욕심에서 비롯됩니다. 그러므로 객관적인 기준을 설정하는 것이 무엇보다 중요합니다.

독자 여러분도 이러한 투자 과정을 통해 꾸준히 실패 확률을 낮춰가면 해외투자, ETF를 통한 분산투자로 성과를 낼 수 있을 것입니다.

비트코인, 너는 누구냐?

전문가에게 듣는 암호화폐 이야기

Q 비트코인은 도대체 무엇입니까?

A 비트코인(Bitcoin)이란 용어는 컴퓨터에서 사용되는 정보의 기본 단위인 비트(bit)와 동전(coin)의 합성어로, 실제 생활에서 쓰이는 동전이나 지폐와 같은 화폐(돈)가 아니라 오직 온라인 거래상에만 사용되는 일종의 전자화폐입니다. 2009년 초 '사토시 나카모토'라는 익명의 프로그래머(혹은 단체)가 중앙은행 등 독점 발행권자 없이도 안정적으로 공급되면서, 세계 어디서나 통용되고, 위조가 불가능한 새로운 '결제수단'을 분산원장 개념의 '블록체인(Block chain)'이라는 기술로 만들었다고 알려진 가상화폐(프로그램 개발자들 사이에서는 정확한 영문 명칭인 'cryptocurrency'에 의거해서 암호화폐라고 부르기도 합니다. 이 글에서는 암호화폐로 통칭하겠습니다)입니다.

이 암호화폐는 정부나 중앙은행이 발행한 기존의 화폐와는 달리 누구라도 컴퓨터로 고난이도의 암호 해독, 즉 아주 어려운 '퍼즐'을 풀면 얻을 수 있도록 만들었는데 이를 금을 캐는 것에 비유하여 '채굴'이라고 합니다. 그런데 채굴을 통해 생성되는 비트코인을 얻기 위해 소요되는 시간과 노력이 갈수록 증가하도록 설계되어 있습니다. 현재 프로그램 기준으로 최대로 생산 가능한 비트코인의 수는 2,100만 개로 한정되어 있으며, 현재까지 약 1,700만 개 정도가 생성된 상태입니다. 일반 가정용 컴퓨터는 연산능력이 기업형 채굴기보다 낮고 24시간 내내 높은 전력을 사용해야 하기 때문에 전기값 등을 고려하면 개인이 채굴을 통해서는 수익을 거의 얻을 수 없는 수준입니다. 그러므로 채굴을 하지 못한 사람이 비트코인을 갖기 위해서는 돈을 주고 사야 합니다.

Q 비트코인이 어떻게 지불수단으로 기능합니까?

A 비트코인의 화폐(결제) 기능 원리를 이해하려면 먼저 화폐(돈)를 알 필요가 있습니다.

우리가 알다시피 화폐(돈)는 그 자체에 가치가 있는 것이 아니라 사회적인 신뢰와 정부 보증 가치로 물건을 사고팔 수 있는 수단입니다. 오래전에는 쌀이나 소금, 심지어 조개껍데기 등이 이런 기능을 하다가 금과은, 구리 등으로 대체되었습니다. 오늘날에는 보다 편리한 수단인 동전, 지폐, 수표, 신용카드, 전자화폐 등이 차례로 나타났습니다.

이런 화폐 가운데 신용카드나 카카오에서 사용되는 '초코'처럼 실물이 없어도 가상의 공간을 통해 물물교환이 가능한 화폐를 통칭 전자화폐라 합니다. 그런데 우리가 일상에서 사용하는 신용카드는 IC 카드 안에 거래내역과 입출금 정보가 저장되어 있는 데 반해, 네트워크로 연결된 가상의 공간에서 암호를 사용해 발행·거래하는 새로운 형태의 전자화폐가 등장했는데, 이를 가상화폐 또는 암호화폐라고 부릅니다. 이런 암호화폐는 비트코인 이외에도 이더리움, 리플 등이 있으며, 새로운 형태의 암호화폐가 계속 발행되어 현재는 전 세계적으로 약 3,000여 종이나 된다고 합니다.

3
천
만
원

- 화폐 : 각국 정부가 발행한 지폐나 동전(달러, 유로, 위안화, 엔화, 원화 등)
- 전자화폐 : 발행주체가 명확하고 개인의 거래 정보가 IC 카드에 담겨 있는 화폐(각종 신용카드, 체크카드 등)
- 암호화폐(가상화폐): 중앙집권적 기관에 의해 통제받지 않는 디지털 화폐의 일종으로 개개인의 거래가 분산된 네트워크를 통해 거래정보를 검증받고 합의가 이루어지게 되면 거래가 완료되는 구조(비트코인, 이더리움, 리플 등)

Q 비트코인은 어떻게 생겼으며 어떻게 사용합니까?

A 비트코인이 동전이나 지폐와 같은 모양일 거라고 기대한다면 크게 실망하실 겁니다. 비트코인을 채굴하거나 다른 사람에게 산다면 다음과 같이

고유한 번호가 있는 계좌가 만들어집니다.

'1rYK1YzEGa59pI314159KUF2Za4jAYYTd'

이를 지갑이라고 하는데 숫자와 영어 알파벳 소문자, 대문자가 조합된 약 30자 정도로 이루어져 있습니다. 한 사람이 개수에 제한 없이 여러 개의 지갑을 만들 수 있고, 신분증 검사와 같은 인증 절차도 없습니다. 이 때문에 그동안 익명성을 담보로 한 자유로운 거래를 장점으로 많은 사람이 투자에 나섰으나 점차 탈세나 돈세탁과 같이 불법적인 일에 사용될 여지가 많다는 우려가 나오기도 합니다.

비트코인은 소수점 여덟 자리까지 나눌 수 있는데 그때마다 다른 이름으로 불립니다.

100분의 1 비트코인은 1센티비트코인, 1,000분의 1 비트코인은 1밀리비트코인, 1,000,000만분의 1 비트코인은 1마이크로비트코인, 1억분의 1 비트코인은 1사토시라고 합니다.

- 1 BTC = 1 bitcoin = 1비트코인
- 0.01 BTC = 1 cBTC = 1 centi bitcoin (bitcent) = 1센티비트코인
- 0.001 BTC = 1 mBTC = 1 milli bitcoin (mbit 또는 milli bit) = 1밀리비트코인
- 0.000001 BTC = 1 μBTC = 1 micro bitcoin (ubit 또는 micro bit) = 1마이크로비트코인
- 0.00000001 BTC = 1 satoshi = 1사토시

즉, 1 BTC = 1천만원을 기준으로 했을 때 1 mBTC가 1,000원이므로 편의점에서 1 mBTC로 1,000원짜리 물을 한 병 살 수 있는 것입니다.

현재 비트코인 사용처를 알려주는 코인맵(coinmap.org)에 따르면 전 세계적으로 비트코인으로 결제할 수 있는 곳은 1만 1,662여 곳에 이른다고 합니다. 한국에서도 146곳에서 비트코인 결제가 가능하다고 하는데. 서울 시내에는 귀금속 가게, 로펌, 카페, 병원 등 60여 곳이 있습니다. 비트코인

결제용 앱(응용프로그램)을 설치한 후 상대방의 비트코인 지갑으로 비트코인을 전송하면 결제가 이뤄지는 방식입니다.

Q 그런데 왜 이렇게 광풍이 불고 있습니까?

A 크게 세 가지로 생각해볼 수 있습니다.

우선 'AI(인공지능기술)'와 함께 4차 산업혁명 시대를 이끌어갈 핵심기술이라고 일컬어지는 '블록체인' 기술 때문입니다. 스마트폰이 빠르게 잘 터지기만 하면 되지, 4G/5G와 같은 기술적인 부분에 대해서는 굳이 알 필요가 없는 일반인에게는 그리 큰 관심거리가 되지 못하겠지만 새로운 비즈니스에 도전하려는 사람이라면 꼭 알아야 할 기술입니다. 특히, 외국과 관련한 비즈니스를 하고 있거나 앞으로 진출할 꿈을 가진 사람이라면 별도로 공부하시길 권합니다.

아무튼 비트코인은 블록체인 기술을 대표하는 최초의 분산형 암호화폐입니다. 그래서 블록체인 기술이 주목받으면서 비트코인의 가치가 오르기 시작했고, 비트코인의 가치가 올라가면서 덩달아 블록체인 기술이 주목받게 되었습니다.

또 하나는 범용성을 가진 화폐로의 가능성 때문입니다.

그동안 온라인상에서 거래되는 암호화폐가 없었던 것은 아닙니다. 화백님께는 낯설겠지만 젊은 친구들이라면 '도토리'나 '초코'를 잘 알 것입니다. 그런데 도토리로는 싸이월드가 파는 음악이나 글꼴만 살 수 있고, 초코로는 카카오가 파는 아이템만 살 수 있습니다. 페이스북 크레딧도 페이스북에서만 사용이 가능합니다. 하지만 비트코인은 그렇지 않습니다. 비트코인뿐만 아니라 뒤따라 나온 암호화폐들이 이미 실제 돈처럼 사용되기 시작했습니다. 처음에는 온라인에서만 결제가 이루어졌지만 점차 오프라인에서도 물건과 서비스를 구매할 수 있는 곳이 생겨나기 시작했기 때문입니다.

세 번째로는 '가치 저장수단'으로서 희귀성에 기인합니다. 매장량이 한정된 금이 과거 현금을 대신한 저장가치로서 각광받았다면 총 2,100만 개로 한정되어 있는 채굴의 한계성으로 인해 비트코인을 비롯한 암호화폐가

금의 역할을 대신할 것이라는 인식이 확산되어 있습니다. 이러한 수요와 공급의 법칙에 의해 미래화폐로서의 가치보다 투자 수익을 기대한 투기가 발생한 것입니다.

이런 이유로 2013년 13만원(100달러) 하던 1BTC가 2017년 12월 한때 약 2,600만원(2만 달러)까지 치솟았습니다. 2018년 3월 현재는 1,100만원 (1만 달러) 수준에서 화폐로서의 신뢰성에 대한 의문 제기와 세계 각국의 투기 과열에 대한 규제 대응으로 오르락내리락하고 있는 상태입니다.

Q 비트코인에 투자하고 싶은데 어떻게?

A 비트코인은 두 가지 방법으로 얻을 수 있습니다. 첫 번째 방법은 앞서 말한대로 채굴을 통한 방법입니다. 하지만 현재는 일반인이 얻기에는 거의 불가능한 상황입니다. 두 번째 방법은 거래 시장에서 비트코인을 매입하는 것입니다. 여기에서 거래되는 비트코인은 채굴된 비트코인과 같은 종류입니다. 그러나 비트코인에 투자하려면 잠시 관망하는 것이 좋겠습니다. 가치투자를 선호하시는 분께는 어울리지 않는 극단적인 '하이 리스크

하이 리턴' 시장이기 때문입니다. 24시간 거래되는 비트코인을 비롯한 암호화폐 시장은 통제할 수 없을 만큼 매우 유동적입니다.

어느 누구도 아직까지 비트코인의 미래에 대한 확실한 전망을 장담할 수 없는 상태로 보입니다. 화폐로서의 신뢰성과 안정성의 결여로 인해 제대로 된 화폐의 기능을 수행하지 못할 것이라는 의견과, 투기적 수요가 사라지고 가격이 안정되면 새롭고 효율적인 화폐 수단으로 각광받을 수 있다는 의견이 팽팽히 맞서고 있습니다.

한국은행 관계자는 "비트코인은 가치의 변동 폭이 극심하고, 보안 문제도 완벽하게 해결되지 않는 등 취약한 면이 많다. 비트코인이 기존 통화를 대체하는 것은 최소한 가까운 미래에는 어렵다."고 했습니다. 세계 유수의 금융학자와 관계자들도 금융의 안정성을 해칠 수 있다는 주장과 함께 '신뢰성'에 의문을 꾸준히 제기해왔습니다만 이에 대해 비트코인 관계자는 "비트코인 자체가 직접 해킹당한 사례는 없다. 그동안 불거졌던 문제는 비트코인을 보관하고 있던 웹 서비스나 전자지갑 등이 해킹을 당한 것이다. 사실상 비트코인 네트워크를 해킹하기는 불가능하다."며 비트코인 시스템의 안정성에 대한 의혹을 일축하였습니다. 이런 설왕설래 속에서 비트코인과 암호화폐 시장의 수요는 폭발적인 성장세를 보였다가 세계 각국의 규제 발표에 현재는 급등락을 거듭하고 있습니다.

Q 주식투자와 비트코인 투자의 차이점은 무엇인가요?

A 조언을 전제로 한다면 워낙 리스크가 큰 시장이어서 투자에 신중을 기하라고 말하고 싶습니다. 주식시장이 주중 한정된 거래시간이 있는 데 반해 암호화폐 시장은 24시간 잠들지 않습니다.

전 세계의 투자자가 수시로 거래를 하고 있는 데다가 상한가나 하한가가 없어 호재 또는 악재가 발생하면 초단위로 가격이 급등락하기도 합니다. 때로는 어떤 이유에서 가격이 폭등하거나 폭락하는지 전혀 알 수 없는 경

우도 있어, 쉽게 접근할 수 없는 분야입니다. 이뿐만 아니라 블록체인 기술 자체에 대한 해킹 위험성은 적다 하더라도 비트코인의 거래를 중개하는 거래소가 통째로 해킹당하는 일이 발생하고 있습니다. 이 경우 해킹에 대해 추적도 불가능하여 돈을 되찾을 수 있는 방법은 사실상 없습니다. 그래서 치열한 주식시장에서 몇 년을 보냈다는 사람들도 비트코인 투자 몇 달 만에 손을 들기도 합니다.

그럼에도 갈 곳을 잃은 풍부한 유동성과 블록체인 기반의 새로운 기술에 투자하려는 사람들로 인해 비트코인 또는 기타 다른 암호화폐에 대한 사람들의 관심은 지속적으로 이어지고 있습니다.

세계적인 대형 거래소로는 미국에서 설립된 폴로닉스(poloniex.com), 홍콩을 기반으로 한 비트파이넥스(www.bitfinex.com), 국내 최초의 비트코인 거래소 코빗(www.korbit.co.kr) 등이 있습니다.

한국 내 거래소에서만 거래할 수도 있고, 한국에서 비트코인을 구매한 후 외국 거래소에서 거래하는 방법도 있습니다. 다만 한국에서 다시 환매해야 현금화할 수 있으므로 다시 한국 거래소로 와야 한다는 점을 유의해야 합니다.

Q 비트코인과 암호화폐 광풍에 대한 각국의 반응은?

A 화폐주조권을 통한 막강한 권력과 세뇨리지 효과(Seigniorage effect, 화폐주조차익)를 포기해야 하는 각국 중앙은행들은 암호화폐가 달갑지 않습니다. 비트코인 같은 암호화폐는 민간이 만들기 때문에 암호화폐 사용량이 늘어날수록 중앙은행의 영향력은 무력해질 수밖에 없기 때문입니다.

그렇다고 블록체인 기술 기반의 암호화폐에 대한 개인 간 거래마저 금지시킬 수는 없어 대응 수위를 놓고 고심을 거듭했습니다. 이런 고심을 반영하듯 세계 주요국 중앙은행 총재들의 암호화폐 투기에 대한 경고는 줄을 이었습니다.

그런 가운데 지난 2018년 2월 16일 국제결제은행 사무총장은 거품과 폰지 사기(Ponzi scheme), 환경 재앙을 합친 데 비유하며 '금융안정을 위한 건전 대응'의 필요성을 강조했습니다. 여기에 3월에 열릴 예정인 G20 재무장관·중앙은행장 회의에서 강도 높은 규제 방안을 논의해줄 것을 제안하는 등 대응 수위를 높였습니다.

우리 정부도 암호화폐 투기 과열과 암호화폐를 이용한 범죄행위를 막기 위한 관련 대책을 확정 발표했습니다. 주요 내용으로는 신규 투자자의 무

분별한 시장 진입에 따른 투기 과열을 막기 위해 은행이 거래자금 입출금 과정에서 이용자 본인을 확인하도록 했으며, 특히 고교생 이하 미성년자 등의 계좌 개설을 금지하도록 했습니다. 금융기관 역시 암호화폐 보유·매입·담보 취득·지분투자를 금지했습니다. 또 가상통화 자금 모집 행위인 ICO(Initial Coin Offering, 암호화폐공개)와 신용공여, 방문 판매·다단계 판매·전화 권유 판매 등 가상통화 거래소의 금지행위를 명확히 규정하고 위반 시 처벌하기로 했습니다.

다음은 대외경제정책연구원에서 발표한 각국의 가상화폐 대응정책 보고서의 요점입니다.

■ 미국

미국 과세당국은 가상통화를 증권과 같은 상품이자 자산으로 정의하고 자산 거래에 관한 과세 원칙을 가상통화 거래에 적용하고 있다. 2017년 말 통과된 세제개혁안에서도 가상통화 간 거래를 과세 대상에 포함했다. 한편 미국 증권거래위원회(SEC)는 증권 관련 연방법에 따라 가상통화 관련 거래도 등록을 의무화했다. 국제 공조에도 발빠르게 대응하여 재무부 담당 차관이 관련 협의차 2018년 1월 방한하기도 하였고, G7, FATF 등은 이미 2015년부터 가상통화 거래 및 관련 행위자에 대한 규제 공조를 시작했다.

■ 일본

일본 정부는 다양한 관련법을 통틀어 '가상통화법'으로 지정하고, 가상통화를 자산이자 동시에 결제수단으로 정의하여 거래소, 전자지갑 업체 등에 대해서도 고객 보호를 위한 의무화 하는 등 명확한 법적 제도를 마련했다. 이에 따라 2017년 가상통화 구입에 대한 소비세를 폐지하였고, 매매차익에 대해서는 소득 규모에 따라 누진세율을 적용하고 있다.

■ 중국

중국의 경우 가상통화공개(ICO) 금지, 거래소 폐쇄 등의 극단적 조치를 취하고 있는데, 이를 우회하는 거래방식 발생, 채굴업체 및 거래소의 해외 이전 등의 부작용이 발생하고 있다. 이에 따라 상당수의 중국 가상통화 거래 및 관련 업체들이 우리나라에서 활동할 가능성이 높아져 국내 시장 혼란 방지, 투자자 보호, 규제 실효성 등을 위해 중국과 긴밀한 공조가 필요할 것으로 보인다.

■ EU

EU는 금융거래에서 고객 실명 확인, 실질주주(beneficial owner) 확인, 거래 감시 등을 포함한 고객확인제도(CDD: Customer Due Diligence)를 가상통화 거래소 및 전자지갑 업체에 적용하는 입법을 추진 중이고, 프랑스 정부도 가상통화 규제를 검토하는 태스크포스를 발족했다. 한편 프랑스와 독일 정부가 2018년 3월 개최되는 G20 재무장관·중앙은행총재 회의에서 공동으로 규제안을 제안할 예정이므로 우리 정부도 관련 논의에 미리 참여하고 우리나라의 입장을 적극적으로 반영시킬 필요가 있다.

■ 동남아

싱가포르 과세당국은 가상통화를 결제수단으로 이용하는 거래를 물물교환으로 정의하고, 가상통화로 결제한 거래에 소비세(GST: Goods and Services Tax)를 부과하고 있다. 한편, 베트남 당국은 가상통화를 결제수단으로 활용하는 것을 금지하였다.

Q 비트코인과 암호화폐의 미래는 어떻게 될까요?

A 암호화폐를 두고 한쪽에서는 '흙수저 탈출을 위한 마지막 수단'이라는 장밋빛 전망을, 다른 한쪽에서는 네덜란드의 '튤립 버블'과 오버랩되고 있

다는 어두운 전망을 내놓고 있습니다.

4차 산업혁명과 맞물려 우리의 금융생활이 비트코인과 같은 암호화폐를 중심으로 획기적인 변화가 있을 것이란 기대도 컸습니다. 하지만 현재의 암호화폐의 투자자들은 블록체인 기술이나 중앙은행의 영향력을 벗어난 새로운 화폐에 투자하고 있는 것이 아닙니다. 기존 금융질서에 부합된 화폐, 즉 자신의 자산을 더 많이 증식시키기 위한 수단으로만 인식하고 있습니다. 비트코인이 갖는 기술적인 차이점과 그것이 지향하는 바는 제대로 시장에 투영되지 않고, 단순히 투자 이익을 취하기 쉬운 하나의 투기상품이 되어버렸습니다.

한편 또 다른 암호화폐인 이더리움은 스마트 계약이라는 기술을 통해 블록체인의 기술을 한 단계 발전시키고 있습니다. 그리고 최근 전 세계의 대형 은행들과 마이크로소프트, 인텔 등이 힘을 합쳐 이더리움 기업 연합(EEA)을 만들었는데 여기에 한국 기업인 삼성SDS와 SK텔레콤이 합류해 눈길을 끌기도 했습니다. 뿐만 아니라 실시간 결제 프로젝트(현행 한국의 증권 거래는 거래가 이루어진 다음 2영업일 이후에 현금 결제가 이루어진다) 구현을 위해 나스닥이 비트코인 거래소인 노블 마켓과 핵심증권거래기술 라이선스 계약을 맺었다는 소식은 비트코인이 세상에 소개한 분산원장 개념인 블록체인 기술이 화폐 기능을 넘어 다양한 혁신을 가져올 수 있다는 강력한 지지로 받아들여집니다.

실제로 많은 전문가들은 암호화폐에 대해 1990년대에 검색엔진이 등장했을 때와 많이 비교합니다. 라이코스, 마젤란, 알타비스타, 익사이트 등의 플랫폼을 제치고 야후가 절대 강자로 부상하는 듯했지만 후발주자 구글에 밀려 야후도 시장에서 사라져갔습니다. 한편 2000년 초 닷컴버블과도 비교합니다. 투기성 짙은 자본의 버블이 꺼지는 것을 보며 많은 사람들은 인터넷의 종말이 올 것이라고 단언했습니다. 그러므로 빛의 속도로 진화하고 있는 암호화폐군에서 비트코인이나 이더리움이 승자로 남을 것이라는 예측은 누구도 할 수 없습니다. 지금까지 개발되었다고 알려진 3,000여 개의 암호화폐 외에 앞으로 얼마나 더 많은 암호화폐가 생겨날지도 모릅니다. 그 가운데 5년 혹은 10년 후 시장을 장악할 승자는 과연 어느 것이 될지 저도 궁금합니다.

Q 암호화폐의 종류와 현황은 어떻게 되나요?

A 지금도 새로운 암호화폐가 개발되고 있는 가운데 현재 약 1,500여 종이 있다고 알려지고 있습니다. 우리나라에서 거래되는 종류는 약 120종 정도인데 업비트가 가장 큰 대형거래소가 되었습니다. 대표적으로 잘 알려진 코인은 아래와 같습니다.

1. 비트코인

중앙은행과 같은 화폐 발권기관 없이 개인과 개인이 돈을 직접 주고받는 분산화된 거래 장부 시스템인 블록체인 기술을 이용하여 탄생한 최초의 암호화폐. 현재 비트코인은 암호화폐의 맏형 정도의 위상을 지니고 있으며 다양한 알트코인들이 나왔음에도 불구하고 시가총액 기준으로 1위 자리를 놓치지 않고 있다.

2. 비트코인 캐시

비트코인이 가진 제한된 블록 사이즈(약 1MB) 때문에 처리할 수 있는 거래 건수가 적어, 거래 처리 속도가 늦는다는 문제점을 해결하기 위해 나온 또 다른 코인. 비트코인 캐시는 생성되는 블록의 사이즈를 최대 8MB까지 확장시킬 수 있기 때문에 기존 비트코인보다 처리속도가 빠르다는 장점이 있다.

3. 이더리움

비트코인이 화폐에 가깝다면 이더리움은 플랫폼에 가깝다고 이야기할 만큼 이더리움은 플랫폼으로서 발전하고 있다. 비트코인과 다른 점은 이더리움은 스마트 컨트랙트(Smart Contract)라는 블록체인 2.0 기술을 사용한다는 것이다. 이 기술을 이용하면 거래기록뿐만 아니라 상호간 합의된 계약서대로 자동으로 거래가 가능해진다. IBM이 사물인터넷 파일럿 실험 도구로 쓰고 그 잠재성을 높이 사고 있다.

4. 리플(XRP)

리플은 은행업, 지불 및 결제의 세계에서 중앙은행 및 상업은행의 관심을 받고 있다. 구글이 투자하고 미국, 독일 등의 글로벌 은행권에서 리플 블록체인 네트워크에 적극 참여하고 있다는 사실만으로도 많은 사람들에게 큰 관심을 모은 코인으로, 대량 결제를 단 몇 초 내로 빠르게 처리해 해외 송금에 특화된 암호화폐로 알려져 있다.

5. 라이트코인(LTC)

라이트코인은 P2P 오픈소스 방식을 사용하는 등 기술적으로 비트코인과 유사한 부분이 많은 코인이다. 비트코인에 비해 네 배 많은 채굴량과 네 배 빠른 블록처리 속도의 장점을 가지고 있다. 비트코인 주소가 1로 시작하는 데 비해 라이트코인의 주소는 L로 시작하는 것이 다르다.

6.넴(XEM/NEM)

넴은 블록체인의 암호화 거래에 다중서명 계정 등 기술을 접목한 코인이다. 비트코인의 POW(Proof of Work) 방식 채굴이 아닌 POI(Proof of Importance) 방식의 수확기법을 사용하고 있으며 각 계정에서 얼마나 많은 거래를 처리했는지 거래량과 신용을 평가하고, 그 기준으로 수확에 성공할 가능성을 높였다.

7. 대시(XCO/XCOIN)

대시는 비트코인에는 없는 익명 기술을 사용한 코인으로 제3자가 거래 내역을 알 수 없도록 만든 코인이다. 마스터노드 방식으로서 여러 건의 거래를 하나로 묶어 거래 기록을 감추기 때문에 개인정보 보호에 민감한 사람들에게 호응을 얻고 있다. 1초 내 거래 속도의 장점도 있어 현금처럼 거의 실시간으로 즉각 거래가 가능한 코인이기도 하다.

• 알트코인

메시지를 첨부하는 기능, 전송시간을 짧게 해서 1분 안에 전송이 완료되게 하는 기능, 완전한 익명성으로 전송하는 기능 등 비트코인에서 할 수 없었던 다양한 시도로 탄생한 코인의 통칭. 비트코인을 제외한 모든 암호화폐를 알트코인이라고 부른다.

＊자문해주신 유현재 님은 현재 한국거래소 글로벌IT사업단에 재직 중이며, 비트코인과 블록체인 기술을 다룬 《비트코인 현상, 블록체인 2.0》(마이클 케이시, 폴 비냐, 미래의 창, 2017)을 번역하여 소개하였습니다. 보다 상세한 내용을 알고 싶은 분들은 위의 책을 읽어보시길 바랍니다.